伝えることから始めよう

ジャパネットたかた創業者
髙田明

東洋経済新報社

はじめに

皆さん、こんにちは。ジャパネットたかたの髙田明です。

あっ、こんばんは、の方もいらっしゃるかもしれませんね。それとも、おはようございます、ですか?

本日は生放送ではありません。

このたびは、私の初めての本をお手にとってくださり、ありがとうございます。

ご存知の皆さんもおられると思いますが、今年（２０１６年）1月15日の生放送の番組を最後に、テレビショッピングから「引退」いたしました。ラジオショッピングは26年、テレビショッピングは22年間、数えたことはありませんが、テレビには数万回出演しました。すべて、番組をご覧くださり、商品をご購入くださった皆さんのおかげです。本当にありがとうございました。佐世保訛りの甲高い声で、ご迷惑をおかけすることもなくなりましたから、ご安心ください。もっとも、不定期ながら「おさんぽジャパネット」などには出演していますから、ときにはまたお会いすることがあるかもしれません。

＊　＊　＊

父が経営していた写真店の佐世保支店を任されていた私が、暖簾分けの形で独立したのは１９８６年のことでした。私は37歳でした。起業するには少し遅いスタートだったかもしれませんけど、私はそんなことは少しも気にしていませんでした。後で詳しくお話ししますが、私は大きな会社を作ろうとか、日本一の販売会社を作ろうとか、そんな夢を抱いたり、目標を持ったりしたことは、一度もないんですよ。毎日毎日、その日しなければならないこと、その日できることを、一生懸命、自分の力の３００％を注ぎ込んで走り続けて来た。その日、そのときをただ「今を生きてきた」。それだけだったんです。

今ではジャパネットと言えば、テレビショッピングを思い浮かべる方も多いと思いますけど、テレビショッピングをスタートさせたのは、独立から8年後の１９９４年のことです。私は45歳になっていました。

ラジオショッピングを始めたのはその4年前です。ラジオショッピングを始める前の年商は2億7000万円ほどでしたが、ラジオショッピングを本格的に始めてから売上が大きく伸びて、1994年の売上高は43億円になっていました。ラジオショッピングを始める前の16倍です。そしてその20年後の2014年にはジャパネットたかたの売上高は1500億円を超える規模になっていました。今思えば、3億円に満たなかった売上が25年で1500億円以上になっていたんですね。自分でも本当に驚きます。

＊　＊　＊

ジャパネットたかたは、テレビ、ラジオ、カタログ、チラシ、インターネットなどで商品の販売を手がけてきましたが、特別なモノを扱っているわけではありません。最近はオリジナル商品も増えてきましたが、最初のころは、どこにでも売っているナショナルブランドの商品ばかりを扱っていたんです。

「なぜ、ジャパネットたかたでは商品がこんなに売れるんですか？」

こんな質問を何度もいただきました。そんなことを訊かれても、どうお答えすればよいのか、よくわかりませんでした。私はただ、自分が素晴らしいと思った商品を、どうすれば売れるかな、お買い上げいただくためには商品の魅力をどんなふうに紹介すればいいのかなと、それればかり考えてはあれこれ試し、誠心誠意、一生懸命紹介していただけでした。

何度も同じ質問を受けているうちに、ひとつ気がついたんですよ。それは、私たちが商品の本当の魅力を、お客さまに「伝える」ことだけではなく、その魅力が「伝わる」ことを本気で考えていた、ということでした。それが、ジャパネットたかたのショッピングが、皆さんに受け入れられた理由だったかもしれない、と思ったのです。

どんなに素晴らしい商品でも、お店に並んでいるだけでは商品の魅力はお客さまには伝わらないと思います。それでは買ってはいただけませんよね。もちろん、小売業の方々はだれでも商品の魅力を一生懸命に伝えようと努力されています。しかし、皆さん、ここが大切なところですよ、「伝える」と「伝わる」は違うんです。お客さまに、伝わるべきことがしっかり伝わっていなければ、お客さまの心は動かないと思います。「伝えたつもり」で終わってしまったら、商品を買っていただくことはできない。それが、ラジオ・テレビショッピングを通して、私が一番学んだことでした。

同じような商品がたくさんあってどれを選べばよいかわからない。便利そうだけど、どんなときに、どんなふうに使えばいいのかよくわからない。そんなお客さまのために、「これは素晴らしい」と本当に思ったモノだけを選んで、皆さんにご紹介してきました。

そのためにたくさんの商品を手に取って、それをお客さまにお届けすることで、お客さまの毎日がより楽しく、より豊かに、より健やかになるかどうか、真剣に検討してきました。ですから、私たちは、あまり知られてはいないけれど、本当は大変な価値を持っている商品が、世の中にはたくさんあることをよく知っています。幸いなことに、その価値をジャパネットたかたはお伝えすることができた、その結果、お客さまのご支持をいただき、会社がここまで成長できたのだと思います。

*　*　*

最後の放送の1年前の2015年1月に、私は29年間務めたジャパネットたかたの社長を退任しました。「まだまだやれる」「会長職に残っては」——と、多くの方々に慰留していただきましたが、すべてお断りしました。経営者としては完全に引退し、1年後にはスタジオからのテレビショッピングからも姿を消すと宣言しました。ジャパネットたかたを100年後も続く企業にするためには、元気なうちに後継者に後を託さなければいけないと考えたからです。70歳、80歳になってから、さて、だれを後継者にしようか、はてだれもいない、となってしまっては困ると思ったんです。

社長退任からスタジオ引退までの1年間を、「ジャパネットたかたは、どうしてお客さまに『伝わる』番組を作ることができたのか」、その理由を社内のスタッフに伝える時間にしようと考えました。スタジオで若いMCに負けないように、商品を紹介する姿を見せて、ジャパネットたかたと歩いてきた30年を振り返り、それだけでなく、こども時代や、学生時代、サラリーマン時代を振り返って、商品の検討会や番組の検討会、カタログの検討会など、あらゆる場面で私の経験や考え、行動の指針などを、思いつくままに語りかけてきた最後の1年でした。

*　*　*

私の半生を振り返りつつ、その1年間に考え社員に伝えてきたことのエッセンスをまとめたのが、この本です。

伝えたつもりが、ちっとも伝わっていない——。そんな状況が起きているのは、商品を販売するシーンに限らないでしょう。ビジネスの世界だけではなく、政治や外交、教育、医療など、世の中のさまざまな場面で、伝わっていないことで問題が生じたり、解決すべきことができなかったり、対立が起こったりしていることが多いのではないでしょうか。伝わるコミュニケーションの私なりのノウハウは、多少なりとも、世の中の多くの問題を解決するヒントになるかもしれないと思って、この本を書きました。

すみません。偉そうに聞こえるところがあったらお許しくださいね。お話しするのは、あくまで私の考え方や方法論に過ぎません。他にもいろいろな考えや方法はあるんですから、私の考えが最高だとか、絶対に正しいだとか思っているのではないことを、一言、申し添えさせてください。

「伝わる」ことに心を砕いてきた私の経験、「伝えることから始めよう」という私からのメッセージが、読者の皆さんのご参考になれば幸いです。

２０１６年11月

髙田　明

伝えることから始めよう

目次

はじめに　1

第1章　今を生きる　15

今を生きる。過去にとらわれない。未来に翻弄されない　16
家業のカメラ店を手伝う　19
一生懸命に今を生きていると、課題が見えてくる　22
観光写真でマーケティングを学ぶ　27
「この人と結婚するだろうと思いました」　29
月商を55万円から300万円に拡大　30
佐世保進出、奮闘の記　35

三川内店オープン――取次店で営業拡大　38
当日サービス――スピードと品質で勝負　40
訪問販売――ビデオカメラをテレビにつなげば、お子さんがスターに　44
独立――ラジオとの出会い　47
ハンディカム――特約店で九州ナンバー1になる　49
ボトルネック――本質がわかれば問題は解決できる　52

第2章　どんなこともつながっている――57

どんなことも、どこかでつながっている　58
三丁目の夕日の世界で育つ　60
父母が写真館を始める　64
英語と出会う　66
仲間と切磋琢磨して受験勉強　68
英語とパチンコと麻雀の日々　71
海外駐在――英語を武器に世界を見る　74

今を生きていれば、人生は拓ける 79

第3章 できる理由を考える 85

ラジオショッピング幕開け 86
救世主現る――ラジオショッピングの全国展開 89
常識にとらわれず、なんでも売ってみる 91
ラジオショッピング草創期の奮闘 94
信頼重視でナショナルブランドにこだわる 99
金利・手数料ジャパネット負担！ 100
スピードとタイミングが命――ハウスエージェンシー設立 103
「ジャパネットたかた」誕生 105
テレビショッピングに挑戦 107
一生懸命にやった失敗はない――カタログショッピングと新聞折り込み 111
常に自己更新――メディアミックスでネット通販開始 114
お客さま目線で独自のサービスを確立する 117

スタジオ建設――できない理由ではなく、できる理由を考える 121
猛反対の嵐――生放送へのこだわり 124
自前だから作れた「ジャパネットスタイル」 127

第4章 伝わるコミュニケーション――131

スキルとパッション、そしてミッション 132
ミッション――感動を届ける 134
パッション――伝えることではなく、伝わること 137
売れ行きは「気力」で決まる 143
想いの強さ――伝わる原動力 145
わかりやすく伝える 148
面白く伝える 151
何を伝えたいのか 156
伝えたいことを絞る――最初の1分間が勝負 158
伝える相手を意識する 163

「一調二機三声」――世阿弥に共感　172
序破急――起承転結の順序は変えてもいい　177
目で伝える。身体で伝える　180
見せ方を工夫する　185
新しい提案をしてみる。ターゲットを変えてみる　188
成功体験にとらわれない　191
「我見」「離見」「離見の見」　195
「秘すれば花」――期待を超える　198
伝えなければ、ないのと同じ　202

第5章 自己更新

自己更新――205
問題から逃げない――顧客情報流出事件　206
100年続く企業にする　210
自粛ではなく社業で貢献――東日本大震災　212
苦しいときこそ、前へ――東京オフィス開設　214

背水の陣――覚悟を示せば、会社は変わる　218
原点回帰で過去最高益を達成　221
猛反対したチャレンジデーが大成功　224
レイコップが大ヒット　228
目標を持たない経営　231
自己更新を続ける企業　234
オンリーワン企業　237
社員の満足がなければ、顧客満足は得られない　239
社長退任――後継に長男を指名　243
不易流行――理念を守れば、経営方針は180度変えていい　248
事業継承後、自在に変化するジャパネット　252
ギネスの長寿記録にチャレンジ――「A and Live」設立　255
夢や目標は途中で変えていい――90切り。67歳の挑戦　257
真の花――何を始めるにも遅すぎることはない　261

おわりに――夢持ち続け日々精進　267

第1章

今を生きる

今を生きる。過去にとらわれない。未来に翻弄されない

私は思ったことをすぐに口に出してしまう性格です。ですから、ちょっと自慢話に聞こえるなというようなところがあれば、お許しください。けれども、今回は折角私の本を手に取っていただいたのですから、遠慮なく私の生きてきた人生をお話しして、少しでも皆さんの参考になればと思います。

私の一番の生き方は何かと言うと、「今を生きる。」ということです。人間は今を頑張れば明日は変わるんだということを常に思って、私はいろんなことに挑戦してきました。私たちが生きている時間には、現在と過去と未来がありますよね。皆さんにも、思い出すだけでつい笑みがこぼれてしまうような懐かしい過去もあれば、忘れてしまいたい嫌な過去もあると思います。でも、残念なことに、過去に起こったことはどんなに頑張っても変えられません。変えられるのは未来だけです。そして、変えることができる未来を作れるのは、今しかないんです。そう思われませんか。

私は、今の「ジャパネットたかた」があるのは、「今を生きる。」ということを一生懸命やってきた結果だと思っています。その私はこれまで目標というものを持ったことが

ないんですよ。ただ、そのときそのとき、今やるべきことを見つけて、それを一生懸命に、自分の能力の200%、300%を注ぎ込んで、取り組んできただけでした。

「今を生きる。」というのは、難しい言葉に聞こえるかもしれませんが、私はそれがいかに大切なことなのかを身に染みて感じています。大切なのは過去じゃありません。過去は参考にすればいいんです。私は失敗をあまり失敗だとは思いません。失敗に学んで、次に活かせたらそれは失敗ではないと思うんです。だから、他人からは失敗に見えても、私はあまりくよくよしません。「超楽天的」などと言われたりします。

過去は変えられません。では、未来はどうでしょうか。ビジネスの世界は変化が速くて、明日どうなっているかわからないことが多いでしょう。ましてや3年後や10年後のことなんて、いくら考えたってわかりませんよね。そんなことを不安に思って頭を悩ませていたら、辛くなるだけだと思われませんか。

これだけ変化が速くなれば、未来のことなんてだれにも予測がつきません。明日の株価が正確に予想できる方はいらっしゃいますか。アインシュタイン並の脳を持った人が何百人も集まったって、明日の株価も当たらないのが今という時代です。わかるはずのない明日のことに頭を悩ませて、そこに心がとらわれていたら、今が疎《おろそ》かになります。

ですから、私は一生懸命に「今を生きる。」ということが、すべての悩みを解決し、もし成功ということがあるとすれば、「今を生きる。」ことが皆さんを成功に導いていってくれるのだと思います。

私は本を読むときには必ずラインマーカーを持って、忘れたくないと思うところには、線を引くことにしています。もしよければ、皆さんも、ぜひ、ここに線を引いてみてください。いいですか。

今を生きる。過去にとらわれない。未来に翻弄されない――。

これが本当に大切なことだと思うのです。カナダ出身の有名な精神科医、エリック・バーンという方も言っておられます。「過去と他人は変えられない。けれど未来と自分は変えられる」。そして、未来と自分を変えられるのは、他ならない自分ですよ。人も企業も自分が変わらないとだれも変えてくれません。カウンセラーやコンサルタントのアドバイスを受けたら、少しは変わるかもしれませんが、そういうものは一過性に終わります。本当に変わろうと思ったら、自分で変えるしかありません。

少し前置きが長くなってしまいましたが、そろそろ本題に移りたいと思います。まず、この第1章と続く第2章では、父が経営していたカメラ店に入店したところから始まり、ラジオショッピングを始める前までの半生を振り返りながら、私が今をどう生きてきたかを、お伝えしたいと思います。そして、後半の第3章以降からは、ラジオ・テレビショッピングの歩みを追いながら、そこで学び、実践してきた伝えること、「なぜ、伝わることが大切なのか」についても、お話ししたいと思います。

それでは皆さん、少しの間お付き合いください。まずは、1974年の長崎県、平戸《ひらど》から物語は始まります。

家業のカメラ店を手伝う

私が、今のジャパネットたかたに直接つながっていくことになる、カメラ店の仕事を始めたのは1974年のことでした。25歳でした。大阪の大学を卒業して、会社勤めをしていましたが、折角入った大きな会社を辞めてしまって、お金もなくなり、行くところもすることもないもんだから、故郷の平戸に帰って来ていたんです。

当時の平戸は観光産業が活況でした。まだ平戸大橋も架かっていませんでしたから、フェリーに乗ってたくさんの観光客が押し寄せて来ていたんです。平戸にホテルがどんどん建って、年間2百万人近い観光客が訪れていました。

私の父母は平戸で「カメラのたかた」という写真館を経営していました。カメラの販売はもちろんですが、観光地やホテルで観光に来たお客さんの写真を撮って、現像してプリントを販売する仕事も始めていました。私は四人兄妹の次男で、兄と弟と妹が一人ずついますけれど、他の兄妹は皆、写真を勉強して店で働いていました。兄の嫁も手伝っていました。

ちょうどそのころ、カラー写真が普及し始め、父はいち早くカラー写真の現像所を作りました。当時はまだ珍しく、平戸ではもちろん一軒だけです。長崎県でも4番目か5番目だったと記憶しています。

観光写真の仕事は猫の手も借りたいくらいの忙しさで、仕事はいくらでもありました。私はと言えば、平戸に帰ったからといって、行くところもすることもないのは同じでした。そしたら、父や兄が「アキラ、お前、やることが決まるまで手伝え」って言うもんですから、手伝うことになったんです。それが転機になりました。今思えば、ですよ。そのときは、これにかけてみようとか、何も思ってないんですよ。ただ、言われたからやっただけだったんです。

何をしたかと言いますと、ホテルの宴会のスナップ写真や観光地で記念撮影をする仕事でした。団体の観光旅行が全盛の時代ですから、どこのホテルでも、毎晩、何百人という規模の大宴会があるんですよ。そこに家族と社員総出で写真を撮りに行って、夜の

ホテルの宴会写真を撮影、翌朝の朝食会場で販売。

うちにプリントして、翌朝、ホテルに売りに行きました。

そういうと簡単そうですけど、とても大変でした。平戸のホテル全部と契約していましたから、毎晩いくつも宴会があって、こっちで500人、あっちで700人って、一晩で1500枚、2000枚の写真を撮ってプリントするんです。翌朝、売りに行く場所も十数カ所もあるんですよ。社員やアルバイトを十数人雇って、家族全員総出のフル稼働でした。

当時は3色刷りでしたから、1枚プリントするのに3回の手間がかかるから大変でした。現像機は1台しかありませんから、写真は晩ご飯が終わってから兄妹で交代で焼きました。できあがるのは午前4時ごろです。ホテルの朝食は朝6時ぐらいから始まりますから、毎日2、3時間ぐらいしか寝られないんですよ。

手伝えと言われたからやり始めた仕事でしたけれど、私のいいところは、自分でいいなんて言うのはおかしいですけど、過去のことはすぐに忘れて、目の前にあることに夢中になって、全力投球できるところなんですね。手伝いで撮影に行ったら、その時点でもう写真に夢中になっているんですよ。そんな性格に生んでもらって、私はつくづく幸せだと思います。

一生懸命に今を生きていると、課題が見えてくる

仕事は、夜に宴会の写真を撮って、朝に売りに行くだけではありませんでした。結婚式の写真も撮れば、昼間はもちろん、カメラの販売もします。付き合いが長いホテルで場所を借りてカメラを販売することもありました。

カメラを売るときはですね、ただ買ってくださいってだけは言わないんですよ。商品を手に取って使い方を丁寧に説明しました。口で言ったってわからないでしょう。お年寄りはとくにそうなんですよ。だから、フィルムを巻き戻すときは、裏のこのボタンを

押しながらこうして回さないと巻き戻しができないでしょう、って説明しながら、実際にやってみせるんです。そしたら売れるんですよ。

性分なんでしょうね。自分が知っていることを伝えずにはいられないんです。だから、使い方がわからない人には一生懸命教えてしまうんです。そうしていたら、自然と買っていただけるんですね。お客さまはご納得いただいたら興味を示してくださるのだということを学びました。そういう経験は、ラジオ・テレビショッピングを始めてから活かされたと思います。

撮影の仕事をしていてわかったことは、当たり前のことのようですけど、いい写真を撮らなくては買っていただけないということでした。写っていればいいというわけじゃないんですよ。下を向いていたり、薄目を開けていたりするような顔の写真では、買っていただけませんよ。ですから、宴会場では大きな声を出すんです。記者会見のときなんかに、カメラマンが大きな声を出しているでしょう。あれと同じですよ。「こっち向いてくださ～い」と声をかけると、たいていの人は顔を向けてくれますけど、何度声をかけても向いてくれない人もいますよ。そして、そういう人に限って、翌朝、自分の写真がないって怒るんですね。

下手な人は、声をかけきれないんです。恥ずかしいのか、すぐに諦めてしまうのか知りませんけど。でも、私は何度でも、その人がこっちを向いてくれるまで、声をかけ続けました。お客さまの表情がよく写っている写真しか売れませんからね。

それから、何とかたくさん買っていただこうと思って、いろんなことを考えました。例えば、50人の団体さんがいるとして、一人1枚ではなくて、2枚、3枚と買っていただくには、どうすればいいかを考えたんです。一人ひとりのスナップ写真だけなら、一人1枚しか売れませんけど、仲の良さそうな2人組や3人組をみつけて一緒に撮ったら、もう1枚売れました。宴会場は列になって座っていますから、10人とか20人とかの列を撮ったら、また売れました。今度は、宴会が始まる前に記念写真撮りませんかって、集合写真を撮らせてもらいました。これは大きいカメラで撮影して、プリントするときに文字を入れますから、結構手間はかかるんですけど、その分高く売れるんです。買うか買わないかはお客さまの自由ですけど、記念写真を撮ればだいたい7割か8割がたの人は買ってくださいました。

そんなふうに、自分なりに工夫しながら、売上を伸ばしていきました。50人のお客さんが一人1枚だったら、1枚500円として2万5000円の売上ですけど、3枚4枚と売れたら7万5000円とか10万円になるじゃないですか。

観光地でのスナップ写真も撮るようになりました。宴会のときに売り込むんですよ。

明日はどこに行きますか。写真撮りましょうかって。それで、プリントだけじゃ面白くないので、アルバムにしたりお皿に焼いたりして売るようにしました。お皿は1枚1000円とか1500円で売れるんです。原価は忘れてしまいましたが、利益率はかなりよかったと思います。

観光地で写真を撮るようになったら、その朝、ホテルで売れ残った写真を観光地で売るようにしました。そしたら、それがまた売れるんですね。朝は、寝坊して急いで朝ご飯を食べている人も多いし、販売できる時間も短いものですから、必死でやっても売れ残りが出てしまうんです。それが、捨てるはずだったプリントが、売る場所を変えるだけで売れたんです。

つまりですね、皆さん。私が何をお伝えしたいのかと言うと、**目の前のことを一生懸命にやっていれば、自然と次の課題が見えてくる**、ということなんです。次に何をすればいいか見えないということは、まだ一生懸命じゃないのかもしれません。私はそれを平戸に帰ってからの生活の中で学びました。

一生懸命にやっていると自然と課題が見えてきます。課題ができると、不思議なことに、それを達成するためのアイデアが生まれてきます。写真がそうでした。毎日、一生懸命にやっていると、自然と、どうしたらもっと売れるだろうかと考えるようになりました。晩ご飯を食べながら、兄や父たちとも、そんな話題になります。俯いた写真じゃ買ってもらえないよね、こんな写真じゃだめだね、というように、課題が見えてきます。もっと大きな声をかけてみよう。こっちを向いてくれるまで、シャッターは押さない、というのがアイデアです。一人に2枚も3枚も買っていただくためにはどうすればいいか、というのが課題で、グループ写真や集合写真がアイデアだったんです。

なんだ、そのくらいのことか、と思われるかもしれませんが、漫然と言われたことだけをやって、それに満足していたら、そんな発想は出てこなかったと思います。例えば、500枚売れた、よかった、と思ったらそれで終わりです。でもですよ、100枚しか売れなくても、それが悪いわけじゃないんですよ。どうして100枚しか売れなかったんだろう、と考える今を生きていれば、どうすれば200枚売れるだろうって、人は考えるようになるんですよ。そう考えることはだれにでもできます。もちろん、すぐにはできませんよ。ローマは一日にしてならず、ですもんね。でも、今を生きていれば、一段一段でも階段を上がって行けるのが人生ですよ。

毎年毎年1段ずつ上っていけば、10段上るのに10年かかりますよね。100段上がるのには100年かかると思われるでしょう。でも、そんなことないんですよ。10年で10段上がれたら、11年目には1年で3段5段って上れるようになるんです。**毎日一生懸命**

に今を生きていれば、ジャンプアップできる瞬間がやってくるんです。足し算が掛け算になるようなジャンプアップも訪れます。

今を全力で生きているからこそ、課題は見えてくるのだと思います。そして、課題が見えてくれば、それを克服していくことで、人も企業も成長することができるのだと思うんです。

観光写真でマーケティングを学ぶ

観光写真を撮影し販売する毎日の中で、マーケティングについても、自然と学びました。観光にはいろんな地方からいろんな人がやってきますよね。農協の団体さんだとか、公務員、学校の先生、老人会、婦人会……、職種も年齢も、地域も実にさまざまでした。

毎日やっていると、いろんなことがわかってきました。どんな団体の方が写真をたくさん買ってくださると思いますか？　大きな声では言えませんけどね、公務員の方はあまり買ってくれません。よく買ってくれたのは戦友会の皆さんでした。戦友会ってわかりますか？　戦時中に同じ部隊にいた人たちの集まりですよ。当時は戦争が終わってまだ30年になりませんから、戦友会の集まりは盛んでした。生死を共にした仲間で絆が強いですから、よく買ってくださるんです。それから、次に買ってくださったのは婦人会です。年齢で言うと、ご年配の方ほどよく注文してくださいました。

地方で言えば、静岡県と宮城県からの団体の方にはよく買っていただきましたが、関西方面からのお客さまにはあまり売れませんでした。売れ残った写真を見て「困るでしょう。半額にしてくれたら買うよ」と声をかけられたこともあります。大阪の方でした。商売気質というのか、さすがだなと感心しました。九州では熊本と鹿児島がよく売れます。中国地方では関西に近い岡山は厳しいけれど、広島は売れる、四国も関西寄りは厳しいという具合です。

そういうことを繰り返しながら、地域や職業、年齢、性別で購買意欲や傾向に違いがあることを学びました。それは、ラジオやテレビで通販を始めたころにものすごい力になりました。**どんなことでも、一生懸命にやっていれば、そのときは何の役にも立たなくても、いつか役に立つときがくる。どんなことでも、いつかどこかでつながる**のだと思います。

少し前に、とても嬉しいことがありました。お手紙をいただいたんですけど、飛鳥大五郎さんという有名な和太鼓の奏者の方です。「あのとき、平戸のホテルで写真を撮っておられた髙田さんですよね。私はあのとき、太鼓の指導でホテルに来ていました。あなたが私の写真を撮ろうとしたので、『私を撮っても買わないから無駄ですよ』って言ったら、あなたは『練習のために撮っているからいいんです』って言ったのを憶えています。そのとき、ギャンブルと女に溺れなければ、この人は必ず成功すると思いました」って、そんな内容のお手紙をくださったんですよ。お手紙と一緒に公演の招待券も頂戴しました。佐世保で公演があったんです。もちろん伺いました。一緒に写真も撮りました。嬉しかったですよ。一生懸命だった自分を、そんなふうに見ていて、それを憶えていてくださる方がいて、ご連絡までいただけたんですからね。

「この人と結婚するだろうと思いました」

平戸に帰って両親が経営していた「カメラのたかた」で働いていた1975年、私は結婚しました。27歳でした。妻は4つ下の23歳。恋愛結婚ですよ。妻は佐世保の人でしたが、平戸で仕事をしていて知り合いました。私は恋愛にはあまり興味がない方だったもんですから、女性と付き合ったことはほとんどなかったんですよ。でも、妻と知り合ったときは、すぐにこの人と結婚するだろうと思いました。芯がしっかりしている、私にはないものを持っているって感じたんです。

こどものころから、両親が力を合わせて働いている姿を見て育ちましたから、自分の奥さんに専業主婦になってもらおうとはまったく思っていませんでした。妻はしっかりしていましたから、人生のパートナーとしてはもちろん、仕事のパートナーとしても最高だと思って、プロポーズしました。結婚してみたら、本当にそうでした。仕事をやり出したら夢中になって一生懸命にやる性格は、私と同じなんですよ。店の2階が自宅だったので、こどもが小さかったころは、仕事があれば、こどもを寝かせてから、夜中、寝なくても仕事をしていました。以来、二人三脚で人生を歩いてきました。妻は長い間、ジャパネットたかたの総務・人事担当の副社長をしていました。

月商を55万円から300万円に拡大

結婚してすぐ、新婚の私たちは長崎県の北部、玄界灘に面した松浦市という町で「カメラのたかた」の支店を任されることになりました。歴史的には、鎌倉時代の元寇の際に活躍した松浦党の水軍で有名で、明治以降は炭鉱の町として栄えた町です。私たちが行ったときには、炭鉱は全部閉山していまして、人口も少なくなって3万人ほどの町でした。支店はテナントビルの3坪ぐらいの小さな店でした。まだ橋はありませんから、毎日、平戸からフェリーに乗って通いました。

　松浦支店を始めたときの月商は55万円でした。それで、これははっきり憶えているんですけど、1年で月300万円の店にしようと、妻と話し合いました。写真のカラー化が進み、まだオートフォーカスはありませんでしたけど、そのころは、自動露出のコンパクトカメラが普及し始めていて、フィルムや現像の需要は増加の一途をたどっていました。この年には「ピッカリコニカ」というストロボが内蔵されたコンパクトカメラが発売されて、それには驚きました。

　今のようにデジタルカメラじゃないですから、カメラ店の仕事は、カメラを売るのはもちろんですけど、利益があがるのはフィルムを売るのと、現像してプリントすることでした。松浦には観光客がやってくるホテルはありませんから、撮影の仕事はあまりありません。だから、とにかく現像するフィルムを集めなければ、と思いました。

　店でぼーっとしていてもフィルムは集まりませんよ。ですから、自分から動くことにしました。建設現場を回ることにしたんです。公共事業は役所に工事写真を提出しないといけませんから、建設現場では写真をたくさん撮るんですよ。その現像とプリントを請け負うために、自分で取りに行くことにしたんです。とにかく、松浦中の工事現場を回りました。集配ルートを確立すると、撮影済みのフィルムが集まり、フィルムやカメラもよく買っていただけるようになりました。

集配ルートを回った後は、平戸に帰ってホテルの宴会の撮影に行きました。松浦に来ても、やっぱり寝る暇はなかったんですね。

そんなにしても、フィルムの集配だけじゃ月300万には全然足りないんですよ。それで、カメラの販売にも力を入れました。松浦には、元寇終焉の地として知られている鷹島という島があります。人口2000人ちょっとの小さな島です。そこで、旅館にカメラを並べさせてもらえたら売れるかもしれないと思って、お願いしたんですよ。そしたら「よかですよ」って言われるもんだから、やってみることにしました。ガリバン刷りで手作りのチラシを作って、船で鷹島に渡って昼間に島のいろいろな場所でチラシを配ってってしたら、人がたくさん集まって1日で30万円ぐらい売れました。それで今度は、カメラだけじゃなくて、松浦の時計屋さんとか洋服屋さんとかを誘って、一緒にイベントみたいにして出張販売をしました。島の人にも、一緒に販売したお店にも喜んでもらえて、カメラも売れました。

団体旅行の写真添乗の仕事もしました。売上になりますからね。JTBや日本旅行、近畿日本ツーリスト、農協観光などの旅行社と契約して、写真撮影係で添乗させてもらって、団体旅行に同伴するんです。海外旅行の写真添乗の仕事にも挑戦していたんですよ。

よく憶えているのは、スリランカに行ったことです。当時はまだセイロンって言っていました。結婚してすぐでした。１５０人の団体旅行です。現地でダンスを見学したんですよ。火祭りみたいに、火を焚いたところで現地の人が踊るんです。その踊りが背景に写るようにして、お客さん一人ひとりの写真を撮るんですよ。私一人ですよ。必死です。そして、帰りの飛行機の中で注文を取るんですけど、それが全然売れなかったんですよ。確か売上が30万円にもならなかったんですね。赤字ですよ。がっくりきて、帰って来た翌日に体が動かなくなって、病院で治療してもらいました。失敗を失敗と思わないタイプですけど、そんな失敗談もたくさんあるんですよ。

松浦時代には、テナントの大家さんだった洋品店の社長さんや店長さんたちと、よく商売の話をして勉強させていただきました。無我夢中の自己流でやっていましたから、在庫効率とか坪効率とか労働効率とか、そんな小売店経営の基礎も知らなかったんです。社長や店長さんにそういうことを教えていただいて、松浦市の人口やら、一人当たり写真に年間いくらぐらいのお金を費やすか、人口の流出・流入はどうかとか、そんなことを計算して、これだったらいくらぐらいの売上は達成できるとか、そんなことを一生懸命に考えました。

小さな町で、ってても何もないのに、55万円の月商をたった1年で300万円なんて無理だと思われるでしょう。できない理由を探せばいくらでもあるんですよ。でも、私は**できない理由ではなくて、できる理由を探そう**と考えました。そして、やれることやできることを考えて、工事現場を回って集配ルートを作ることや、出張販売を企画しました。一生懸命にやっていると、できることが見えてきたんです。

そんな生活でしたから、新婚生活にはとにかく忙しかったという記憶しかないんですよ。それでも、きついとは思いませんでした。同じことの繰り返しだったら、きついと思ったかもしれませんけど、次々と課題が出てくるから、忙しくても楽しいんですよ。でも、妻には謝らないといけませんね。新婚旅行も行かずに仕事ばっかりでしたからね。ごめんなさい。この場を借りて、深くお詫び申し上げます。いまさらって笑われそうですけどね。

それでもですよ、一生懸命にやったおかげで、1年後には月商300万円の店にすることができました。嬉しかったですよ。初めて達成できたときには、妻と手を取り合って喜びました。

佐世保進出、奮闘の記

約1年間の勤務の後、松浦支店は従業員に任せて、私たち夫婦は再び平戸の店に戻りました。1年後に平戸大橋が完成する予定になっていましたから、観光写真の仕事がますます忙しくなるだろうということで、また、そちらを手伝うことになったんです。

松浦支店から戻って2年ほど平戸の店で働きました。忘れられないのは、雲仙に宴会の写真を撮りに行ったときのことです。500人の大宴会でした。そのときはスタッフと2人で行きました。夜の宴会の写真を撮って、翌朝の朝食の時間に販売するのは同じですけど、プリントするのは平戸です。平戸から雲仙まで、当時は高速道路もありませんから、普通に走ったら3時間半以上かかるんです。フェリーに間に合わないと帰れませんから、撮影が終わったらすぐに平戸に戻るんです。必死で走りました。

夜のうちにプリントして、ほとんど寝ずにまた雲仙まで戻りました。そしたら、たくさん買っていただけたんですよ。嬉しくてですね。帰りの車の中で助手席でお金を数えていたら、前の観光バスに追突してしまって、ライトバンのバンパーを全部やられて、バスの破損も弁償して、散々でした。でも、元気だったんですね。そして必死でした。

そんなことを思い出すと、自分はやっぱり「今を生きて」きたんだな、と思うんですよ。

松浦から平戸に戻った1年後の1977年に平戸大橋が開通しました。予想通り観光客がさらに増えて、店は一層忙しくなりました。私が大阪から平戸に帰ったときの年商は3000万ほどでしたが、観光写真、カメラの販売、写真添乗、学校の卒業アルバムとやっているうちに、どんどん人の輪が広がっていって年商1億5000万を超える規模になっていました。

そんなころ、男兄弟3人が同じ店で働いていないで、だれか一人くらい外に出てもいいんじゃないか、という話になりました。店を継ぐのはどうしたって一人ですからね。父には前々から佐世保に支店を出したいという気持ちがあったようで、佐世保に土地を探していました。

ちょうどそのころ、佐世保の隣町に宗教団体の総本山が完成することになって、落成を祝う行事に全国から10万人もの信者さんが来ることになっていました。旅行会社とつながりがあったので、兄が営業に動いて、信者さんたちの写真を撮影する契約を結ぶことができました。

その仕事をするには佐世保に拠点が要りますから、その機会に佐世保の郊外に支店を構えることになり、次男の私が行くことになりました。それが「カメラのたかた佐世保三川内店《みかわち》」です。私は30歳になっていて、長女が生まれていました。やっと、佐世保まで辿りつきましたね。でも、まだですよ。テレビショッピングが始まるのは、まだまだ先です。

佐世保に赴いたのは1978年の11月でした。130坪の敷地にプレハブの作業所を建てて、現像機を入れて、私と妻と2、3人のスタッフでスタートしました。

支店開業は後のことで、まずは全国からやって来る信者さんの撮影に全力を注ぎました。総本山が落成したときには、信者さんが入れ代わり立ち代わり集まって一週間か10日間ぐらい、いろんな行事がありました。その間、佐世保近辺のホテルは全部満杯です。学生アルバイトを何十人も雇って、平戸からも応援を頼んで、総勢50〜60人はいたでしょうか。それでも全然、足りないんですよ。

なにしろ、撮ったら撮っただけ買っていただけるんですから、そのときのビジネスには興奮しました。昼間は総本山で次々に記念写真を撮影して、夜は宴会の写真を撮って、深夜にプリントして朝売りに行きますから、寝る暇がないんです。寝る暇がないくらいはいいんですけど、人手が足りなくて、焼くのが間に合わなかったり、プリントしても売りに行く人がいなかったりして困りました。ぼやぼやしていると、売りに行く前に帰っちゃうんですよ。

それで、どうしたと思います？　追いかけたんです。パートの人がですよ。遠くから来る団体さんは、北九州の門司《もじ》から神戸や大阪に行くフェリーに乗って帰りますから、門司まで追いかけて、乗船するときに港で売ったんですよ。それでも間に合わないときは、電車に乗って大阪まで先回りして、下船のときに港で売るんです。船より電車の方が速いですからね。できることはすべて考えて、そこまでやりました。それが佐世保のスタートでした。

三川内店オープン――取次店で営業拡大

総本山落成の仕事が一段落したら、今度は三川内店のオープンです。国道沿いの敷地のプレハブの作業所の前に店舗を建てて、１９７９年にカメラのたかた佐世保三川内店を開業しました。

開店したのはいいんですけど、フィルムは1日で集まるわけはないから、まずは食べていかなきゃならないでしょ。だから平戸と同じですよ。佐世保の観光ホテルとか、佐賀に嬉野《うれしの》温泉っていう温泉町があるんですよ、そこのホテルの宴会の写真を撮ったり、建築現場を回ってフィルムの集配ルートを作ったりしました。それから、エリアを広げようと思って、有田焼で有名な隣町の佐賀県の有田から西有田、それから佐世保の隣の波佐見《はさみ》まで集配の範囲を広げました。昼間はフィルムの集配とカメラの販売、夜は宴会の撮影、それが終わってからプリントと、やっぱり忙しかった記憶しかありません。

カメラ店にとって一番利益が出るのはフィルムの現像でした。フィルムを集めるためにもっと他にできることはないかって、また課題が見えてきます。そのとき始めたのが取次店でした。

このころには、オートフォーカスのコンパクトカメラが発売されていて、カメラも趣味の世界から、一般家庭にどんどん普及し始めていました。世界初のオートフォーカスカメラのコニカC35AFが発売されたのは、私たちが佐世保に来る前の年の1977年11月です。それからメーカーの競争が激しくなって、コンパクトカメラはどんどん進化していきました。カメラ店にとっては大きなチャンスでした。

お客さんにしてみれば、フィルムを出すのは近いところがいいに決まっていますよね。かといって、そこかしこに支店を出すわけにもいきません。だったら、取次店を作ればいいんじゃないかと思ったんですよ。化粧品店とかお米屋さんとかタバコ屋さんとか、そういうところに、取次店の看板を出して現像するフィルムを預かってもらうことにしたんです。集配ルートにあるいろんな小売店を歩いて回って、１００軒、２００軒と増やしていきました。２００軒取次店があれば、１日１本でも２００本集まるでしょ。それで、長崎市の隣の時津町《とぎつちょう》とか大村市の近くの東彼杵町《ひがしそのぎちょう》とか、遠くにまで取次店のエリアを広げていきました。

三川内店が軌道に乗ったら、今度は支店を出すことにしました。最初は三川内の隣の早岐《はいき》に出しました。三川内は人口４５００人ですけど、早岐は1万人以上いました。それから、早岐の隣の川棚町に出店して、佐世保市内の黒髪町にも出して全部で3店舗支店を作りました。全部「カメラのたかた」の支店です。ですから、私は三川内も含めて4店舗をみていきました。

当日サービス――スピードと品質で勝負

コンパクトカメラの普及は、カメラ店にとってはビジネスチャンスでしたけど、それは他の店も同じですよ。すぐに価格競争が始まりました。最初はプリントが1枚35円だったのが、30円、20円って下がっていくんです。憶えている方もおられると思いますけど、最後は同時プリントならゼロ円ですよ。うちは35円でした。

デジカメ世代の若い方はわからないかもしれませんが、フィルムで撮影した写真は、写真屋さんでフィルムを現像して、それをプリントしてもらっていたんです。現像代とプリント代は別です。まずはフィルムを現像して、その中から欲しい写真だけをプリントすることもできましたが、同時プリントというのは、現像と同時にすべての写真をプリントすることです。大手は現像代で利益をとって、プリントは無料にするサービスを始めたんです。そんな値段では小さな店では太刀打ちできないんですよ。また課題です。ここでも同じですよ。勝負にならない、勝ち目はないって思うんじゃなくて、できることはないかって考えたんです。

そしたら、そのころ、23分仕上げっていう現像機が出たんですよ。長崎大水害のころでしたから1982年だったでしょうか。現像からプリントまで23分。速いじゃないですか。これだ、スピードで勝てると思いました。今はデジカメですから、撮った画像はすぐに見られますよね。でも昔は違ったんです。フィルムをカメラ屋さんに持って行っても、プリントができるのは遅いところなら2、3日。早いところでも翌日でした。

でも、だれだって早く見たいでしょ。こどもの運動会の写真を撮ったら、すぐにでも見たいんですよ。23分でできれば、朝、取次店にフィルムを出してもらえば、それを午前中に回収して、夕方にはプリントをお渡しできると思いました。大手にはそんなことはできません。コストを下げるために、フィルムは福岡に集めてプリントしていたからです。

ところが、その機械は1台800万円もしたんですよ。そんなお金はないからどうしようかって思ったら、リースがあったんです。5年間のリースで月15万円ぐらいでしたから、さっそく契約しました。そして、取次店の看板を全部「今日できます！」に書き換えたんです。当日仕上げのプリントサービスは当時としては画期的でした。評判がよかったから、早岐にも川棚にもすぐに機械を入れました。

値段で対抗できなくても、スピードなら大手に勝てると思ったんですね。でも、スピードだけじゃ足りないとも思ったんです。それで、品質にもとことんこだわることにしました。折角の思い出の写真ですよ。きれいな方がいいでしょう。機械でプリントすると時々、色が飛んで薄くなっていたり、印刷が濃くなりすぎたりすることがあります。それを丁寧にチェックして、よくないプリントは焼き直しました。そして、プリントの用紙にもこだわって、品質に定評のあるフジカラーの紙を使って、スピードと高品質を謳うことにしました。だから、1枚35円でも、同時プリントゼロ円の大手に太刀打ちできたんだと思います。

このころのことを振り返ると、いつも思うことがあるんです。それは、**一生懸命に今**

を生きていれば、時代が味方してくれる、ということです。23分仕上げの現像機がなかったら、太刀打ちできなかったかもしれません。でも、できない理由ではなくて、できることを一生懸命に考えて生きていたから、時代が味方してくれたのだと思うんです。

もう一つ、あります。品質とスピードが大切だということです。競争というと、価格だけに目がいきがちですけど、商品を買っていただくには、価格と同じように、商品の品質とスピードが大切です。それを私はこのときに学びました。その経験は後にラジオ・テレビショッピングで通販を始めたときに、大きな糧となりました。

当日サービスを始めたら、フィルムがどんどん集まるようになりました。また忙しくなるんですよ。まだそのころは、夜は宴会の撮影も行っていましたからね。そして、帰って来てから、またフィルムを焼くでしょ。23分仕上げですから焼くのは速くなっていましたけどね。でも、仕事が終わるのはやっぱり夜遅くなんですね。

でもですね、私がこの話をすると妻がいつも言うんですよ。「フィルムは私が焼いとった」って。「明さんは、帰ってきたらビール飲んで寝とった」って。私はそんなことはまったく憶えていないんですよ。でも妻が言うんだから本当でしょうね。仕事にはメリハリが大切です。二人三脚だからできたんですね。

訪問販売――ビデオカメラをテレビにつなげば、お子さんがスターに

フィルムを集めるのに必死でしたけど、もちろん、カメラも一生懸命に売っていました。販売にも力を入れていたんです。

佐世保に来て7年目の1985年にソニーが家庭用の8ミリビデオカメラを発売しました。テレビにつないだだけで、今撮影したビデオがすぐに見られるんですよ。今はテレビにつながなくても見られますから、若い方はピンとこないかもしれませんけど、当時は画期的だったんですよ。びっくり仰天です。本当に驚きました。こんなことができるのかって。

私はカメラ店で育ちましたから、8ミリカメラはもちろん使ったことがありました。大阪から平戸に帰って来たころは、まだ映像だけで音は入りませんでした。弟の結婚式のときは私が撮影して編集もしたんですよ。そのときには、音が入るようになっていました。それがテレビにつなぐだけでしょ。これは売れると思いました。自分が欲しいと思いましたからね。ソニーショップにしたいと思いましたが、販売実績がないとなれないんですよ。それで、何度もお願いして特約店にしていただいて、ビデオカメラの販売

に力を入れることにしました。

写真屋さんはフィルムを預かるでしょ。ですから、お客さまの住所もわかるし、写真を見ていれば家族構成もわかります。ここにはいくつぐらいのこどもさんがいるとか、おじいちゃんと同居だとか、いろんなことがわかりますよ。それで、フィルムをお預かりするときにも、もちろんお勧めしましたけど、訪問販売をすることにしたんですよ。ご自宅に伺って、お茶の間に上がり込んで、お子さんのビデオを撮影するんですよ。そして、すぐにテレビにつないだら、お子さんの顔がテレビに映るでしょ。その瞬間に、お子さんやお孫さんがテレビの中でスターになっているんです。それを見ただけで半分ぐらいのお客さまが買ってくださいました。

家庭用ビデオカメラの凄ささえ伝われば売れるってわかったでしょう。だったら、もっとたくさんの人に宣伝しようと思いました。宣伝方法をあれこれ考えていたら、ソニーショップはそのころポスティングをやっていたんですよ。パナソニックとかもそうでしたけど、調べてみたら多いところでも1000枚ぐらいしかまいていなかったんです。それなら私は1万枚まこうと思いました。1万枚っていったら、チラシを作って封筒に入れるだけで2日ぐらいかかるんですよ。そして、ゼンリンの地図を持ってきて、どこに何枚配るか決めて、社員やパートさんだけじゃ足りないから、親類やら友達、知り合いにみんな声かけて、30人ぐらいで3日がかりで配ってもらいました。70歳、80歳の方もいました。

ソニーのビデオカメラで、店はまた大きくなっていきました。ですけど、私一人で店を大きくしたと思ったことはありません。従業員もみんな頑張ってくれました。ホテルの宴会もまだやっていましたから、売る人が足りないときは、弟に応援してもらったり、こっちも兄や弟の仕事の応援に行ったりもしました。近くに叔父がいたもんですから、その家族に手伝ってもらったり、妻の友達の家族に来てもらったり、そのときできることを考えて、とにかく何でもやりました。そんなふうにして、会社は大きくなっていったんです。

そのころには、カメラのたかたで、私が担当していた佐世保の年商は2億円を超えるぐらいになっていました。当時、長崎県の中ではどこが1番かと思って調べたことがあったんですよ。そしたら、トップでも6億はいってなかったんですよ。1番になりたいというんじゃないんですよ。でも、もっと頑張りたいとは思いました。

独立――ラジオとの出会い

1986年に「株式会社たかた」を設立して「カメラのたかた」から独立しました。私は37歳で、設立の日は妻の33歳の誕生日でした。社員は10人以上になっていて、アルバイトやパートさんが12人くらいいました。

独立したのは、家族で話し合ってですね、兄弟3人でずっと一緒にやってもいいんだけど、みんないい年齢になってきて、それぞれ自分のやり方や自分の道があるんだから、そろそろ独立したらどうかって。兄が「カメラのたかた」を継いで、弟2人は独立してそれぞれの道を行こうって、それだけのことでした。だから、当時、佐世保の中心地で支店を任されていた弟もそのとき「株式会社一高」を設立して独立しました。それからしばらく後になって、川棚の店を妹夫婦に譲渡しました。私は三川内、早岐、黒髪の3店舗を経営することになりました。

独立した翌年でしたか、初めて宣伝にラジオを使いました。特売のときはチラシをまくでしょ。うちは、フィルム1本5円っていうのをやっていましたから、それをラジオで流したんですよ。ラジオのレポーターの方がラジオカーに乗ってお店に来て特売品を

1986年、佐世保市三川内の「カメラのたかた佐世保営業所」から分離独立。

宣伝してくれる番組がどこにでもあるでしょ。あれです。

効果はありました。「今、三川内店と早岐店でフィルム5円のセールやっていますよ〜」って、ラジオで流すでしょ。そしたら、それまで車は国道沿いの店の前を通り過ぎるばっかりだったのに、車が止まるんですよ。安いからですね。赤字ですよ。でも宣伝だと思ってやり続けました。それが、後になってラジオショッピングにつながっていきました。

ラジオカーをやったら効果があったでしょ。だから2、3年続けたんですよ。それで、今度はラジオでコマーシャルをやってみようって考えました。コマーシャルをやっている店だと思われたら宣伝になると思ったんです。本当はテレビにしたかったんですけど、テレビでコマーシャルを流す予算はありませんでしたからね。それでラジオにしました。

やると決めたら、また必死で考えるでしょ。どんなのがいいかなって。私はコマーシャルをやるなら、憶えやすいのがいいって思いました。それで、「カメラのタカタ、タッタカタ、タッタカタ」っていうコピーを考えて、それにプロの方に曲をつけてもらったんですよ。それもだれかに言われてしたんじゃなくて、直感でした。憶えやすい文句と楽しい音楽があった方がいいんじゃないかって。それが、ラジオショッピングの「北の町から♬」の発想につながっていきました。憶えやすいコピーと耳に残る音楽がコマーシャルに大切な常識だと知ったのは、ずっと後になってからでした。何も知らずに、ただ直感でやっていたんですよ。

ハンディカム――特約店で九州ナンバー1になる

独立して3年目の平成元年に、パスポートサイズっていうソニーのハンディカムが発売されました。手のひらサイズとも言われた画期的な商品でした。それまでは2キロ近くあって肩にかけて持ち歩いていたのが790グラムになったんですよ。これも絶対に売れると思って、力を入れました。ポスティングの特売セールや訪問販売で、月に100台は売りました。1台19万8000円ですよ。ソニーの特約店の月別ランキングで、九州で1番の売上でした。

なぜ売れたかと言いますと、新規のお客さんを開拓したからでした。ガス屋さんの集金ルートを一緒に回らせてもらったりもしました。私がガス屋さんの朝礼から行ったんですよ。売れるときには1日6台7台って売れました。とにかく、ソニーの実績を作りたいというのがありましたから、徹底的にやりました。日本最後の炭鉱って言われた池島にも行きました。西彼杵《にしそのぎ》半島っていう長崎県の西側の半島の沖にあるんですよ。知り合いがいたんですよ。そんなつても頼って、2泊3日で炭鉱の寮で展示販売もしました。

カメラ屋さんだから最初はカメラを売るでしょ、そしたら今度はビデオカメラが出てそれも売る。ソニーがワープロを売り出したらそれも売るというようにして、どんどん扱う商品が増えていきました。そのころのカメラ屋さんはそんなしてカメラ店から家電量販店に成長していきました。だれでも思ったことありますよね。ビックカメラとかヨドバシカメラとか、どうしてカメラ屋さんにテレビが売っているんだろうって。うちもそうだったんですよ。そして、今を一生懸命生きていれば、売れるものや時代の流れが見えてくるようになるんですよ。カメラを必死で売っていなければ、ビデオカメラが売れるとは予想できなかったと思います。ビデオをやってなかったら、他の商品も見えなかった。**今を生きていたからこそ、いろんなものが見えるようになった**のだと思います。

ビデオを一生懸命に売っていたら、今度はカラオケのレーザーディスクが出たんですよ。パイオニアです。これだ、カラオケはブームになるって思いました。直感です。私が歌うのが大好きなもんですからね。それで、長崎まで行って販売店にしていただいて、これも売れました。キャンペーンでカラオケ大会もやりました。イベントとかそんな大袈裟なものじゃないですよ。店にちょっとした舞台を作ってですね、お客さんに集まっていただいて、カラオケ大会をやるんですよ。応募がたくさん来ました。楽しいでしょう。歌ったお客さんの半分が買ってくださいました。

このころの一番の自慢は、私一人で訪問販売で1日100万円売ったことです。100万円ですよ。その日はフィルムの回収に回っていた建設業の方にテレビを買っていただいたんですよ。ビデオカメラも買っていただきました。そしたら、他のお客さんから電話をいただいて、西彼町《せいひちょう》でしたが、そっちに回ったら、今度はソニーのオーディオコンポとパイオニアのカラオケセットを買ってくださったんですよ。それで全部で売上が100万円を超えたんです。もう夜の12時近くになっているんですけど、嬉しくてですね。「100万超えたぞ〜」って言いながら家に帰ったんですよ。私があんなに自慢したのは、あれが一番だったでしょうね。

ボトルネック――本質がわかれば問題は解決できる

おわかりいただけたかどうかわかりませんが、こうしてカメラ店時代を振り返ってみると、何か特別なことをやったわけではありませんでした。とにかくフィルムを集めようと思って、取次店や当日サービスを始めた。集まらないうちは、宴会とか観光写真の仕事も頑張った。そうしているうちに、人の輪が広がってカメラが売れるようになった。そしてビデオカメラに出会って、訪問販売をするようになった。カラオケがでてきて、ワープロとか商品のカテゴリーを増やしていったというふうに、そのときできることを、やりたいことを一生懸命にやり続けた、ただそれだけでした。1番になろうとか、そんな目標も欲もなかったんですよ。ただ、やることがあるから、やってきた。やるために人がいなかったら、だれでもいいから頼んで、格好をつけずに協力していただいた。結果として、ラジオでコマーシャルもできるようになった。そういうことだったんです。

私が敬愛するエリヤフ・ゴールドラットさんが、『ザ・ゴール』という著書の中で「ボトルネック」ということを言われています。ゴールドラットさんは、元々はイスラエルの物理学者ですが、全体最適化の「ＴＯＣ（theory of constraints）理論」の生みの親として知られている方です。

ＴＯＣ理論を私なりに簡単に解釈すると、物事はとてもシンプルで、いくら複雑に見えていても、すべての問題は、本質的な原因（ボトルネック）を探し出して、そこさえ解決すれば、全体の問題も解決するという考え方なんです。例えば、会社に１００の部署があって、なかなかうまくいっていないとしても、１００の部署すべてに問題があるのではなくて、連携であるとかどこかに問題がある。その問題さえ解決できれば、全体が最適化されるということなんですね。

それを読んだときに、自分がやってきたことはそういうことだったと思いました。私がやってきたことは、なぜ売上がもっと上がらないのか、それを机の上で考えるのではなくて、現場に立ってボトルネックを探し続けてきたことだったんです。そして、今を一生懸命に生きていないと、ボトルネックは見えてこないんですよ。

夫婦の問題でも親子の問題でも、会社なら上司と部下の関係でも、なぜうまくいかないのか、どうして喧嘩になってしまうのか。世界の戦争の問題でも同じだと思います。根本的な問題はどこにあるんだろうって、会話を重ねて議論を尽くすことで、ボトルネックが見えてくるのではないでしょうか。

例えば、夫婦でラーメン屋さんを始めるとしますよね。最初の課題は何でしょうか。

やっぱり味ですよね。味がよくなければ、売上は上がりません。最初のボトルネックは味です。でも、いくら夫婦で美味しいラーメンができたと思っていても、それで売上が上がるでしょうか。二人は美味しいと思っていても、他の人が美味しいと思わないと売上は上がりませんよね。そしたら、今度は自分たちだけではなくて、だれが食べてもほとんどの人が美味しいと思う味にしないとだめだと思われませんか。一生懸命にやっていれば、それに気づくはずです。

さて、多くの人が美味しいと思う味ができました。お客さんも増えてアルバイトを雇うようになりました。ところが、思ったほどお客さんが増えなくなった。なぜだろうって考えます。そしたら気がつくんです。どうもアルバイトの接客がよくないようだ。ここがボトルネックだって。どうしますか？　社員の教育ですよね。不愛想な接客をしていたり、スピードが遅かったりでは繁盛店になりませんからね。

接客やサービスがよくなって繁盛店になった。でも、もっと売上を伸ばしたい。どうすればいいかって、また考えるんです。現場に立って働きながら考えます。そしたらもっと雰囲気のいい店にしたらどうだろうとか、お客さんが寛げるお店を作ろうとか、サービスデーを作ってみようかとか、いろいろあるでしょうが、いろんなアイデアが浮かんでくるはずです。私だったらトイレですね。トイレが汚いお店には入る気がしませんからね。お洒落なトイレを作ったらどうだろうかとか。そんな風に一生懸命に今を生きていれば、ボトルネックが見えてくるんですよ。佐世保のカメラ屋さんだった時代も、ジャパネットになってからも、その繰り返しだったと思っています。

高田はアイデアマンだとか、だれも考えなかったことをやったとか、いろんなことを言って褒めてくださる方がいらっしゃいますけど、全然そんなことはありません。私は自分に人並み外れた才能だとか発想力やアイデアを生み出す力があったとは、まったく思いません。私がやってきたことは、経験を積めばだれにだってできることです。もちろん、できない人は最後までできないですけど、それには理由があるんです。だれだって、本気になって仕事をして経験を積んで、そして、本を読んだり人に話を聞いたりして勉強して、それを積み重ねていけば、できるようになりますよ。できないのは、まだ本気度が足りないからじゃないでしょうか。

どうしてできるかって言えば、本気でやっていれば勝手に課題が見えてくるんですよ。課題が見えたら課題に向かう自分がいて、その課題を超えようと思ったらアイデアが出てくるんです。本当ですよ。私に他人と違ったところがあったとすれば、いつも目の前のこと、今やるべきことに、全身全霊を注いできた。常に自分の力の200%、300%の力を注いできたことだと思います。「今を生きる。」です。

私が「今を生きる。」ということの大切さを感じたのは、平戸時代や佐世保時代の初めに、事業が成長して人の輪が広がっていったときでした。課題を探すというのは、ビジネスだけの課題ではなくて、人との縁を広げていくっていうことでもあるんです。その縁を広げていくことによって、人間は自分を高めていけるんですよ。

さて、この後、ラジオコマーシャルがきっかけになってラジオショッピングが始まり、それがテレビショッピングにつながっていきました。さあ、皆さん、いよいよテレビショッピングですよ。でも、ちょっとお待ちください。その前に、私が父のカメラ屋さんで働き始めるまでのことをお話ししておきたいんです。

第2章 どんなこともつながっている

どんなことも、どこかでつながっている

私は68歳です。見えないでしょう。よく言われるんですよ。年齢を重ねていくにつれて、縁ということを感じることが多くなりました。先にもお話ししたとおり、長い人生の中では、**どんなことでもどこかでつながっている**と思うことが多くなってきたからです。

一つだけ例を挙げますと、ジャパネットでは電子辞書を売っていますが、累計150万台の大ヒットになった商品です。私は中学のころから英語が大好きで、大学時代にもESS（English Speaking Society）という英語のクラブに入って一生懸命に勉強しました。英語を勉強してもカメラ店や通販ではあまり役に立たないと思うでしょう。でもそうではありませんでした。

電子辞書は、ものすごく進化を続けているんですよ。画面も大きくなり、カラーの動画や音声データも出てきます。いろいろ操作していたら、キング牧師の有名な演説やリンカーンの演説の一節が音声データで聞けたりしたんです。それには驚きました。

私は学生時代に、リンカーンの演説を少し暗唱していたんです。若いときに勉強した

ことは忘れないんですね。憶えていたんですよ。それで、ふと思いついて、テレビショッピングで電子辞書を紹介するときに、リンカーンの演説を再生しながら、つぶやくように一緒に暗唱してみたんですよ。

Four score and seven years ago our fathers brought forth on this continent, a new nation, conceived in Liberty, and dedicated to the proposition that all men are created equal. ――

ってですね。電子辞書で英語の勉強をしましょうって、勧めていましたからね。

そしたら、その瞬間、注文が殺到したんですよ。学生時代に憶えた一節がすらすら出てきたことにも驚きましたけど、それが大ヒットにつながるとは、思いもよりませんでした。そのとき、東京の30分番組1回で、売上額が、なんと、1億円近くになりました。ここだけの話ですよ。

私がどんな時代にどんなところで、どんな家族や友人に囲まれて、どんなふうに育ってきたかということも、今の私に全部つながっているはずです。ですから、テレビショッピングの話に移る前に、父母が経営していたカメラ店で働くようになるまでの、物心ついたころから青春時代、大学時代、海外駐在の経験をさせていただいたサラリーマン時代のお話を聞いていただきたいと思います。

三丁目の夕日の世界で育つ

私の故郷平戸は長崎県の西北部にあります。1948年の生まれで、いわゆる団塊の世代です。平戸は周りを美しい海に囲まれ、戦国時代には、あのフランシスコ・ザビエルが訪れ、江戸時代の初めごろまでポルトガルやスペイン、オランダ、イギリスとの南蛮貿易で栄えた島です。明治時代の初期に建てられた古いカトリック教会がたくさんあって、観光地として有名です。そんなロマンあふれる風光明媚な島で、私は育ちました。いいでしょう。

『ALWAYS 三丁目の夕日』という映画はご覧になりましたか? 昭和30年代の、高度経済成長最中の東京の下町を舞台にした映画ですよ。父親に存在感があって、お母さんは優しくて、ご近所さんはみんな仲良しで、人情味溢れる話でしたよね。私は田舎育ちですけど、こども時代は、あの映画のような雰囲気に包まれて育ちました。日本中、そうだったのかもしれませんね。

父は怖かったですよ。鈴木オートのお父さんみたいでした。昔の親父はみんなそうだったんですよ。悪いことをすると、すぐに家の裏に引き摺られて、バケツで頭から水をかけられて怒られていました。家は商店街にありましたけれど、裏はすぐ勝尾岳っていう山だったんですよ。だから、怒られるようなことをすると家に帰るのが怖いもんだから、勝尾岳に逃げて行って2時間ぐらい帰らなかったことがよくありました。

厳しい父でしたが、多趣味な人で、私たち兄妹が小さかったころ、当時はまだ贅沢品だったカメラに夢中になったり、スクーターに乗ったりしていました。とにかく新しいものが好きで、私が小学校4年生のときにはテレビがありました。旅館とか病院にはありましたけど、近所の一般家庭でテレビを買ったのはうちが一番早かったかもしれません。土曜日や日曜日には近所のこどもが20人ぐらい集まって、うちでテレビを見ていました。私は「七色仮面」とか「月光仮面」「怪傑ハリマオ」「隠密剣士」とか、朝から晩まで、何時に何が始まるか全部憶えていました。

母はとても優しい人でした。実家は海運業をしたり蒲鉾《かまぼこ》の製造販売をしたりと、平戸で手広く事業をしていた商家で、母はその血を受け継いだのか、とても社交的でした。父と母はとても仲が良く、父の友人たちがよく遊びに来る、賑やかで温かい家庭でした。

母はこまやかな気遣いができて、とにかく接客や商売が好きでした。「カメラのたかた」が大きく発展していったのも、母の力が大きかったのだと思います。私たち夫婦が力を合わせてやってきたのは、父母の姿に影響を受けたというか、それが当たり前と

4歳のころ、
地元平戸のお祭りでのはっぴ姿

思っていたからでした。

兄は二つ上で、弟が二つ下、妹はその三歳下です。昔のことですから、こどもはみんな腕白です。夏になれば海で真っ黒になったり、家の裏の山に行って虫を取ったり、自然が生活の中に普通にある、いい時代に育ちました。チャンバラとか缶蹴りとかをして一日中外で遊んでいました。友達と裏山の木の上に竹で櫓《やぐら》を作って秘密基地にしたり、防空壕の跡に入ってコウモリを探したり、楽しい思い出がたくさんあります。

私はどちらかというと利かん坊だったかもしれませんね。兄とはよく取っ組み合いの喧嘩をしていました。結局敗けるんですけどね。佐世保には玉屋という百貨店が今でもありますけれど、平戸の人が佐世保に行くのは、玉屋で買い物するのが目的なんです。ですから、佐世保に行くことは「玉屋に行く」って言うんですよ。私たちもよく玉屋に連れて行ってもらいましたけど、小さなときはすぐ疲れちゃうでしょう。それで、私は

「きつか」と言って展示用の台の下にもぐりこんで出てこないんですよ。欲しいものがあって駄々をこねるときとかもですね。それをなだめて引っ張り出すのが兄の役目でした。学校を出てから一緒に働いていましたから、今でも髙田家は兄妹仲良くしています。

こどものころのことでよく憶えているのは、祖父母によくお芝居に連れて行ってもらったことと、隣のお兄ちゃんによく遊んでもらったことです。母の実家があった平戸の川内町には年に1回、旅芝居の一座がやって来ていました。芝居好きの祖父母に連れて行ってもらうのが楽しみで、桟敷席《さじきせき》で夢中になって見ていました。とくに浪曲が好きだったんですよ。まだ小さなこどもですよ。

話は逸れますけど、妻と知り合ったころにですね、彼女が「好きな歌手はだれ」って聞いたそうです。そしたら、水前寺清子って答えたって言うんです。そのころの若者は洋楽だったらビートルズとか、日本だったら井上陽水とかのフォークソングに夢中になっていた時代の話ですよ。妻は冗談と思ったそうですけど、本当に好きだったんです。私の演歌好きは、祖父母に連れて行ってもらった旅芝居が原点ですから、筋金入りです。

家の隣はお肉屋さんで、そこのお兄ちゃんにとても可愛がってもらいました。三浦さんと言います。とても器用な人で、メジロを飼っていて、鳥籠を竹で編むんですよ。昔はメジロを獲るのは自由でしたから、メジロ落とし籠といって、よく鳴くメジロを籠に入れておいて、枝にとりもちを仕掛けるんですよ。鳴き声でメジロが寄ってきて、とりもちを仕掛けた枝に止って逃げられなくなるんです。それを上手に作っていて、私も教えてもらいました。

お兄ちゃんとは、勝尾岳に鳥を探しに行ったり、近くの海に行ったり、よく遊んでもらいましたし、お兄ちゃんの家の軒先に縁台を出して、おじいちゃんとよく将棋をさしたりもしました。そういうことをなぜかよく憶えています。

父母が写真館を始める

小さいときは、家が狭くて四畳半一間みたいなところに住んでいました。あんまり狭いもんだから、兄は小学校に上がるころから父方の祖母と一緒に住んでいて、そこから学校に通っていたほどでした。私が小学校に上がる前ぐらいのときに、父の写真の趣味が高じて、その狭い家の軒先にネオパンとかの白黒フィルムを並べ始めたんですよ。

そのころの日本の歴史を調べてみると、敗戦直後はモノ不足で写真のフィルムや材料は占領軍や官庁、新聞社なんかに優先的に出荷されていて、極端な品不足が続いていましたけれど、ちょうどこのころになって、一般市場にも出回るようになったそうです。

ずっと我慢をしてきた写真好きの人たちの中で、アマチュア写真熱が高まり、そんな世の中の流れが、日本の西の果ての平戸にもやって来ていたんでしょうね。

それからしばらくして、私が小学校の低学年のときに、隣町の中央商店街に家を買って引っ越して、写真館を始めたんです。軒先でフィルムを売っていたころは大変だったとは聞いていますけれど、写真店はそれなりに上手くいっていたと思います。家が買えたぐらいですからね。

父は平戸で「光画会」という写真倶楽部《クラブ》を作って20～30人の仲間がいました。その仲間がうちに集まって、祭りの写真やら島の風景写真やら、大きく引き伸ばした写真を持ち合って品評会をしているんですよ。楽しそうでしたよ。倶楽部の特賞や佳作を選んで、それを『朝日カメラ』なんかの写真誌のコンテストに応募するんです。そこで何度も入選するもんだから有名になったんですよ。父もよく賞をとっていました。

写真仲間には、町の病院の先生やお巡りさん、近所の豆腐屋さんやら、いろんな仕事の方がいました。家に集まってくるおじちゃんたちに可愛がられ、家族ぐるみでキャンプに出かけたりもしました。そんな中で、目上の人との接し方や言葉使い、社会の基本的なルールを教わりましたし、店や家にやって来る人に笑顔で声をかけたり、お茶を出したりしている母の姿をみて、自然と商人としてのイロハを身につけていったのかもしれません。こどもは親の背中を見て育ちますよね。他の兄妹にも商人気質というのがありますから、そこはよその家とは違うところでした。そういう意味で、母の存在は大きかったと思います。

英語と出会う

中学校時代には英語の塾に通っていました。平戸という異国情緒溢れる島で育ったせいでしょうかね。小学校のころから英語にぼんやりとした憧れがありました。それで、dog とか cat とか教えてもらって、英単語が何個言えるとか、友達と競争したりしていたんですよ。

よく憶えているのは、母方の叔母が結婚することになって、旦那さんになる松原さんという方が平戸まで挨拶に来たことがあったんですよ。松原さんは大学でＥＳＳという英語のクラブに入っていて、英語がものすごく上手でした。どうしてそんな話になったのかは憶えていませんけれど、「ボールペンの代わりに鉛筆を貸してください」って英語で言うときに「instead of」って言ったんですよ。すげえー、って思ったんですね。それで、ますます英語に興味を持って、英語の塾に行き始めたんです。それが後になっていろんなことにつながっていきました。

もちろん勉強ばかりしていたわけじゃないですよ。夏になったら毎日のように友達と海に行っていましたし、バスケットボールクラブに入っていて、3年生のときには県大会まで行きました。1回戦で負けましたけどね。

懐かしく思い出すのは、3年生のときのクラスメイトです。最近でもよく会いますから、懐かしいというのとはちょっと違いますけど、男3人女3人で、放課後に一緒によく歌を歌っていました。そのころから音楽に興味を持ち始めたんですよ。私が歌うのは歌謡曲でした。橋幸夫、西郷輝彦、舟木一夫、三田明って、知っていますか？　前の3人が御三家、三田さんを入れて四天王って言われていたんですよ。6人は親友でした。一人が生徒会長で、私が学級委員長。青春ですよ。5人とは高校に入ってからも仲良くしていましたが、残念なことに一人の女の子が高校時代に、もう一人の男の友達は15年前に亡くなってしまいました。その友人のこどもが2人、ジャパネットで働いているんですよ。そんな仲間でした。

仲間と切磋琢磨して受験勉強

高校は平戸の県立猶興館《ゆうこうかん》高等学校に通いました。高校時代はよく勉強しました。だからというわけではないんですけれど、恋愛にもお洒落にも全然関心がないんですよ。ズボンに線が2本入っていたら高田だって言われていたぐらいでした。女子から手紙をもらったことがあったんですけど、それをラブレターだって気づかないんですよ。もともとそういう性質なんでしょうね。そっち方面には疎いんですよ。

頑張れたのは仲間がいたからだったと思います。一緒に勉強する仲間がいたんですよ。切磋琢磨して頑張って、クラブもやらなければ修学旅行にも行きませんでした。そのくらい必死でやりました。1日7時間とか8時間とか、机を並べて勉強したんです。

友人たちは私の父と母をよく知っています。みんなよく家に泊まりに来ていたからです。ご飯を食べて、午前1時とか2時まで勉強して、朝ご飯を食べて学校に行っていました。うちだけじゃないですよ。私もよく友達の家に泊まって勉強しました。

息抜きは音楽でした。店の2階は写真のスタジオになっていたからですね、ステレオを買ってもらって、レコードもいっぱいためて、ブルーコメッツとかですね、友達と歌うんですよ。テープレコーダーも持っていましたから、それに吹き込んで聞いたりしてね。そして、息抜きをしたらまた勉強していました。

1年生のときだったですかね、文化祭で歌を歌ったんですよ。全校生徒の前で、各学年の代表が対抗戦で歌うんですよ。代表に選ばれて、舟木一夫の「あゝりんどうの花咲けど」を歌いました。本当は人前に出るのは苦手なんです。今ではだれも信じてくれませんけどね。全校で1800人ぐらいいました。そんな大勢の前で歌うのは勇気がいりますよ。それで度胸がついたのかもしれませんね。歌ったのは本当に気持ちよかったです。

中学も高校も、波乱万丈とかそういうことはまったくなくて、平凡な青春時代でした。受験勉強を頑張ったといっても、みんな頑張っていましたからね。でも、やれるだけやった、という気持ちはあります。

英語と数学が好きで、世界史はとくによく勉強して得意でした。因数分解とか対数とか数学もよく勉強しました。英語は2年生のときに力がついたと思った瞬間がありました。文法書を全部憶えるぐらい読み込んだら、先生が言っていることが突然よくわかるようになったんですよ。世界史は分厚い教科書を全部丸暗記しました。そしたら試験は自慢できるぐらい、いつも満点でした。

目標とか志望校とかは特になかったですね。受かればどこでもいいって感じでした。それより、今やるべきこと、文法の本を読破するとか、世界史の教科書を全部憶えるとか、目の前のことに集中していました。振り返ってみると、私の仕事の仕方と同じだったのかもしれないですね。

受験といっても田舎の学校ですから、東大に合格するのは10年か20年に1人くらいです。けれど、私の勉強仲間は九大とか熊大とか早稲田の政経とか、みんな結構いい大学に合格しました。ところが、私は第1志望には受かりませんでした。長崎大学の経済学部でした。国語が苦手だったんですよ。模試を受けたら200点満点で30点ぐらいしかとれないんですから、どうしようもないくらい苦手だったんです。国立に行きたかったんですけど、国立は入試科目に絶対国語があるでしょ。それで、私立は英語が上手かった義理の叔父が卒業した大阪経済大学に合格したから、浪人するよりいいだろうということで、大阪に行くことにしたんです。

「勉強しなかったから国立に行けなかったんじゃないの」って言われることがありましたけれど、勉強はしたんですよ。一生懸命にしました。だから後悔はないんです。まったく。偏差値とか、そんなことじゃないと思うんです。そのときは、がっかりしたかもしれませんが、よく憶えてもいないんですよ。憶えているのは、自分が高校時代に友達と一緒に一生懸命に勉強してきたことで、それは、絶対にマイナスじゃないっていう発想を持っています。今を生きて、一生懸命にやったことは、いつか全部、どこかでつながっていますからね。

英語とパチンコと麻雀の日々

大学時代をひとことで言うと、英語とパチンコと麻雀の日々でした。入学式の日だったと思いますけど、最初からESSに入ると決めていましたから、勧誘を受けてまっすぐ行って入部しました。部員が100人以上いる大きなクラブでした。

そのころの大学は学生運動で大変な時期で、大学が学生に占拠されたり封鎖されたりしていましたけど、そっちにはあまり影響を受けず、講義が終わったら部室にいるか、パチンコ屋さんにいるか雀荘にいるかという日々でした。ただ、英語とフランス語は本当によく勉強しました。

英字新聞を買ってきてそれを読むんですよ。それから、記事の中からテーマを決めて、わからない単語とかいろいろ調べてから、そのテーマについて英語で討論するんです。中国は文革の時期でしたからそのこととか、日本で最初の心臓移植手術とか、日米安保とか、そんなテーマについて調べてディベートしたり、日ごろはそういう活動ですね。で、夜は麻雀ですよ。一度、72時間ぶっ続けで麻雀をやったことがあるんですよ。最後は朦朧として部屋の中が黄色っぽくなってきて、3日寝なかったらこんなふうになるんだと思いました。

ＥＳＳは他大学との交流が盛んでしたから、和歌山大学に行って討論するとか、東京に遠征に行くとか、そんなことも頻繁にありました。夏休みは合宿ですよ。3泊4日で軽井沢に行って、日本語禁止で英語漬けの毎日でした。小豆島も行きました。

2回生か3回生のときには、学園祭の英語劇で主役を演じました。アルフレッド・テニソンの『イノック・アーデン』という作品です。先輩に主役って言われて台本をもらったら、ものすごく分厚いんですよ。でも、3カ月ぐらい毎日何時間も練習するでしょ。自然と憶えてしまうんですね。役者さんもこんなして憶えるのかなって思いました。今でも、"This soup is mighty good." とか、"Let me take a basket for you." とか、いくつも台詞を憶えています。3回生のときには副部長もしました。

大学4回生のときに、大阪万国博覧会がありました。太陽の塔ですよ。オリンピックと万博は、高度経済成長の象徴ですもんね。ものすごい賑わいでした。

大阪に住んでいたこともあり、万博には16回か17回行きました。アルバイトじゃないですよ。ESSの友達を誘って2人ぐらいで行くんですよ。そんなに何回も何しに行ったと思います？　外国人と会話をするために行ったんです。当時は外国人は珍しかったんですけど、万博のときは大勢やって来たんですよ。万博の会場だったら、知らない人にも声をかけやすいでしょう。どこから来ましたか、楽しいですか、ってね。4年間、一生懸命やってきているから、自分の英会話の力を試したくて仕方なかったんです。

フランス語は、ベトナム人の留学生に感化されて勉強するようになりました。その留学生と友達になって、私の四畳半の下宿に、よく遊びに来ていました。日仏会館にも通いました。社会人になってからも続けました。フランス語のリンガフォンを買ってきてソノシートを何度も聞いたり、NHKのフランス語講座を聞いたりしていました。

就職活動の記憶はほとんどありません。漠然と英語を使う仕事をしたいとか、外国で仕事ができればいいなぐらいの気持ちはありましたけど、どこの商社に入りたいとか、具体的なことは考えませんでした。だから、今の就活とかそういう感覚はわからないんです。就職した会社で人生が決まるなんて考えてもなかったし、思いもしませんでした。

4回生になったら、大学でもクラブでも先輩にあたる義理の叔父の松原さんに誘われて、会社にアルバイトに行っていました。貿易部でコピーとりなんかの雑用でした。英語のマニュアルとか契約書とかを見るでしょう。電話でも英語が飛び交っていて、格好いいなって思いました。半年ぐらいアルバイトして、そのまま入社することになりました。いつか海外に行ければいいなぐらいの気持ちでした。京都の阪村機械製作所という会社です。

海外駐在——英語を武器に世界を見る

阪村機械製作所は国内有数のネジ製造機械メーカーです。ボルトフォーマーとかナットフォーマーを製造して、国内だけでなくアメリカやヨーロッパに輸出していました。アフリカにもお客さんがいました。私は英語力を買われての採用でしたから、貿易部に配属されました。最初は外国のお客さまのお世話をしたり、英文の手紙に返事を書いて送ったり、英文の納品書やパッキングリストを作ったりとか、そういう営業事務の仕事をしていました。

社長から30ページ以上ある英文の契約書を明後日までに翻訳するように言われたことがあったんですよ。そのときは困りました。会社に泊まり込んでやりましたけど、難しいんですよ。とくにパテント（特許）の契約の内容が難しくてですね、辞書を引いても意味がよくわからないんですよ。仕方がないから、どうしてもわからないところは、

「すみません、よくわからなかったので、こんなふうになってしまいました」とお詫びしたら、「大丈夫だよ、私にはこれでわかるよ」と言ってくださったのをよく憶えています。

入社した翌年の夏、突然、社長から「髙田君、行ってこい」って言われたんですよ。ヨーロッパです。嬉しかったですよ。そんなに早く海外に行けるとは思っていなかったからですね。海外旅行に行くといったら、親戚一同が駅や空港に見送りに来ていた時代でした。そのくらい外国は遠かったし、憧れだったんです。

アメリカ経由で行きました。それが初めての外国でした。ロサンゼルスです。速いなって、思いました。話すスピードですよ。聞き取るのが難しくてですね。やっぱり学校で学んだものとは速さが違うと思いました。カルチャーショックも受けました。ホテルでプールに行ったら、若い男女がプールに飛び込んで笑っているんですよ。映画を見ているみたいでした。オハイオ州のクリーブランドに行ったときは、バーでバーボンウイスキーを飲んだんですよ。サントリーの角しか知らないでしょう。ジョニ黒なんていったら夢のまた夢ですよ。当時は高かったからですね。それがバーボンでしょ。アメリカに来たんだなって、しみじみと思った瞬間でした。

アメリカからドイツに飛んで、ドイツのホテルを拠点にして8カ月間、ヨーロッパに駐在しました。最初はそんなに長くいる予定ではなかったんですよ。2、3カ所回って帰るのかなって思っていたら、もっとおりなさいって言われて、結局8カ月になりました。それもですね、日本に帰ったのは歯が痛くなったからなんですよ。歯医者さんに行っても治らなくて、堪《たま》らないほど痛いんですよ。それが本社に伝わって、帰って来いって、なりました。歯が痛くならなかったら、もっといたかもしれませんし、そのタイミングで帰っていなかったら、そのまま会社にいて今の道には入ってないかもしれません。運命っていうのはわからないですね。

ヨーロッパでは200回以上飛行機に乗るくらい、あちこち飛び回りました。ハンガリーでしょう、ポーランド、東ドイツ、チェコ、イギリス、フランス、イタリア、スペイン、ポルトガル、オランダ、ベルギーって、ほとんどの国に行きました。いろんな経験をさせてもらいました。思い出はあり過ぎてとても話しきれないくらいです。

国によっては、商談の最中からワインを持ってきて飲むんですよ。一気飲みがルールで、どの国も同じなんだって思いました。フランスではフランス語が話せるのが嬉しくて、結構通じるって悦に入ったりしました。ドイツには長くいたから、ドイツ語を覚えてやろうと思ったりもしました。片言は今でも憶えています。イギリスではパブに行きましたし、オランダで飾り窓を見たり、どんなことにも刺激があって楽しい毎日でした。そうそう、ドイツにいたときに、ミュンヘンオリンピックがあって、バレーボールで日本が金メダルとったでしょ。思い出は尽きません。
　主な仕事は通訳でした。共産圏の国にもたくさん行きましたけど、共産圏の国では機械を輸入するのは政府でした。民間ではないんです。機械を輸出したら、現地の工場に設置して、製造したネジを検品してその国の規格にマッチしていることを確認してからでないと、代金を支払ってもらえないんですよ。それで、技術者と一緒に行って通訳するんです。私が日本語を英語にして、向こうの通訳がそれを現地語に訳してって、通訳が2人入って機械のテストをしていました。ハンガリーに行ったときは、日本語、英語、ドイツ語、ハンガリー語って、通訳が3人入って商談したこともありました。

阪村機械製作所入社2年目から欧州駐在、ポーランド・ワルシャワにて。

　そういう生活の中で特に印象に残っているのは、東欧で感じた国の貧富の格差です。阪村の社長は若いころに外国で苦労されたことがあって、海外駐在は一流ホテルに泊まって、1日に1万円使っていいっていう方針だったんですよ。私の月給が5万円いかないときです。ポーランドに行ったときも、ソ連のフルシチョフが会談したという格式のある一流ホテルに泊まらせていただきましたから、最初はわからないんです。ところが、外を歩いていたら若い女の子が50人ぐらい列を作っているから、なんですかって聞いたら、ケーキは配給制だって言うんです。卵を食べたら変な臭いがするんですね。どうしてですかって聞いたら、それはB級品だって言うんです。A級品は外貨を稼ぐために輸出されて、国民が食べるのはB級品とかC級品なんです。だから自由主義圏に憧れがあるんだって聞きました。共産圏の方はそんなに貧しい暮らしをしているんだと実感しました。

もう一つよく憶えているのは、阪村社長とイタリアに行ったときのことです。社長ご夫妻のお供をして、バスでイタリアに行ったんです。そのとき、私がバスの中で寝ていたことがあったんですよ。そしたら、後から社長が「髙田君、バスの中から景色を眺めることも、人生の勉強だよ」っておっしゃったんですよ。それをよく憶えていて、20年ぐらい経ってから、社員に同じことを言うようになりました。言われたときにはわからなかったんですよ。ヨーロッパでいろんな経験をさせてもらいましたけど、見たことや聞いたことは、そのときは意味はわからなくても、意識して見聞きしていれば、後になって、いろんなこととつながってくることがあるんですね。見ていなかったらそれで終わりです。旅行ひとつでも、そこから何かを学べると思って旅行している人と、ぼんやり旅している人では、生き方が全然違ってくると思います。そういうことを積み重ねていくと、人生は随分変わってくるんですよ。

ポーランドではクラクフという町にも行きましたけれど、そこはアウシュビッツのすぐ近くです。でも、当時は興味がなかったもんだから行っていないんですよ。あの大虐殺があったアウシュビッツの近くにいながら、何も見ずに何も聞かなかったんです。後になって、それに興味を持てなかった自分に気がついて、なんでも見たり聞いたりして勉強する習慣を身につけていれば、人間はいくらでも成長できるんだということを学びました。だから、そのときのことはずっと忘れられなかったんですよ。そしたら、昨年、仕事でポーランドに行く機会がありましたので、アウシュビッツまで足を延ばして、収容所跡を見てきました。

今を生きていれば、人生は拓ける

入社して2年目に8カ月間も海外駐在の経験をさせていただき、社長にも大変可愛がっていただいた会社でしたが、帰国後、1年もしないうちに退職してしまいました。不義理というか恩知らずというか、まだまだこどもだったんですね。会社を辞めるってなったとき、社長室に呼ばれました。怒られると思って入って行ったんですけど、社長は「髙田君、辞めるんだってな。君がいつかこの阪村で働いたことを、本当に良かったって思うときがくればそれでいい」って言ってくださいました。そのときの言葉と、「窓の景色も勉強だよ」と言われた言葉は、人生訓だと思って忘れたことはありません。

阪村社長とは、ジャパネットたかたを始めてから何度かお会いしました。阪村機械製作所の50周年記念のときにご連絡をいただいて、そのときはもうテレビに出ていましたから、「うちにいた髙田君か、講演してくれ」とご依頼を受けて、お引き受けしたことがありました。亡くなられたときは、お別れの会にも出席しました。そのときには大勢の人で、ゆっくりと奥様にご挨拶ができなかったんですよ。そしたら後でいただいたお手紙に「闘病中は、髙田さんが出ているテレビを楽しく見ていました。喜んでいました」って書いてあったんですよ。胸が熱くなりました。

退社したのにはいくつか理由があったんですけど、仕事が嫌になったとか、会社を辞めたいとか、そんなことは全然ありませんでした。自分の性格というか、一番大きかったのは、親友に一緒に仕事しないかって誘われたことでした。平戸の6人の仲間の一人で、受験勉強も一緒に頑張った中倉玄喜《げんき》君に、翻訳の仕事をしようって誘われたんです。

彼は高知大学に行っていました。大学時代に休学して一緒にヨーロッパを旅行する約束をしていました。私も旅費を稼ぐためにアルバイトをしたりしたんですけど、事情ができて行けませんでした。中倉君は一人で行って、パリやロンドン、シュトゥットガルトなんかで2年ぐらい暮らしていました。

そんなこともあって、彼と一緒にやろうということになって、軽い気持ちで、退職してしまいました。覚悟とかそんなものではありませんでした。お金は少しあったんですよ。8カ月ヨーロッパにいて、その間の給料が全部貯まっていたんです。それで、彼が私の部屋に居候して2人で営業に回ったりしましたけど、若いだけが取り柄で、何の人脈もコネも計画もなくて、そんな事業が上手くいくはずもなく、すぐにお金がなくなってしまいました。

それで、とにかく食べて行かなきゃならないから、彼は別の仕事をすることになりました。中倉君は在日外国大使館に勤めた後に、翻訳に精を出して、今は、エドワード・ギボンの『ローマ帝国衰亡史』の新訳や、ローマ帝国の希代の英雄ユリウス・カエサルによる『ガリア戦記』の新訳をＰＨＰ研究所から出版するような立派な翻訳家になっています。

私にはその後の計画なんてなにもありませんでした。そんなとき、喫茶店に入ったら、ジュークボックスがあったもんだから、渡哲也の「くちなしの花」を入れたんですよ。それを聴いているうちに、平戸に帰ってみようかなって思って、それで帰ったんです。

振り返ってみると、私は天賦の才に恵まれたとか、他人と違った特別なことをやってきたとか、そんなことは何もありません。普通でした。第一志望の大学には合格できませんでしたけれど、一生懸命に勉強した自分がいました。好きなことをやろうと思って、大学時代は英語を一生懸命に勉強しました。一流企業に入ろうとか、出世しようとか、そんなことは考えませんでしたけど、入った会社では、とにかく期待に応えられるように全力で働きました。会社を辞めて父の写真館で働くようになったのは、友達と始めた仕事が上手くいかなかったからです。どちらかと言えば、流れに身を任せて、与えられた環境に順応して常に全力を尽くすというのが私の生き方でした。それは、自分で会社を始めてからも変わりませんでした。

私は上手くいかなかったことに劣等感を持ったことも、成功したことで優越感を抱いたりしたこともまったくありません。失敗をばねにと思ったこともなければ、上手くいって天狗になったこともないんです。ただ、目の前のことを一生懸命にやってきただけです。
だからですね、とくに若い皆さんに申し上げたいのは、受験が上手くいかなかったとか、希望する会社に入れなかったとか、そんなことは関係ないんですよ。卒業した大学や入社した会社が将来を保証してくれるほど今の日本は甘い社会でもありません。そんなことでくよくよしても仕方ないですよ。過去は変えられませんから。過去を悔やんで未来を悲観して生きていても仕方がないです。そんなことより、好きなことを一生懸命にやり続けていれば、**今を生きていれば、人生は絶対に拓けるようになっている**んですよ。そして、一生懸命にやったことは決して無駄にはなりません。後になって、その努力はいつかどこかでつながってくるんです。そんな想いをお伝えしたいと思って、この本を書くことにしました。

さて、これで第2章は終わりです。お付き合いありがとうございました。さあ、皆さん。いよいよテレビショッピングが始まりますよ。まずは、ラジオのお話から聞いてください。

第3章　できる理由を考える

ラジオショッピング幕開け

第1章でお話ししましたように、私は25歳のときに平戸の父のカメラ店で働き始め、1986年の1月に株式会社たかたを設立して独立しました。三川内本店の他に支店が3店舗あって、カメラやビデオカメラ、関連商品のほかカラオケやワープロなどの電化製品の販売と、フィルムの現像とプリント、そしてホテルの宴会や学校写真など観光写真の撮影が事業の三本柱で、ラジオショッピングを始める直前の1989年の年商は2億7000万円でした。

私が初めてラジオのマイクの前に座ってラジオショッピングをしたのは1990年3月のことです。今から思えば、初めてのラジオショッピングはジャパネットたかたにとって記念すべき出来事になりました。でも、そのときはそんなことになるとは夢にも思っていませんでした。

実は、はっきりとは憶えていないんですけれど、株式会社たかたはNBC長崎放送でラジオコマーシャルを流していましたから、その関係でお誘いを受けたのが直接のきっかけだったと思います。そのころには、全国のラジオ局で同じような番組がありました。

九州では大手の家電量販店さんやカメラ屋さんが福岡で30分の長尺の番組をやっておられました。ですが、どこも年に2回ぐらい、多くても8回ぐらいの頻度だったと思います。少なかったんです。

最初のラジオショッピングでは、富士フイルムのカルディアスーパーというコンパクトカメラを紹介しました。スタジオの収録ではなくて、ラジオカーが店まで来てくれて、マイクを向けられて、そこでしゃべったんですよ。5分間の持ち時間でした。何を話したかは全然憶えていません。

最初のころのことで、よく憶えているのは、生放送の直前に、コーヒーを壁にぶっかけちゃったことです。生放送ですから、放送前に打ち合わせがあるでしょ。そのとき、原稿の半分以上がだめだって言われたもんですから、じゃ何を話せばいいんだって、頭に血が上ってしまってですね、打ち合わせの席を立って、奥の部屋に行ってコーヒーを壁にぶっかけちゃったんですよ。でも迷惑はかけられないからと思い直して、戻ってきてしゃべりました。

なぜそんなことになったかというとですね、放送には考査というものがあって、放送基準に適しているかどうか表現や内容を審査するんですが、これが厳しかったんです。今でも地上波やBS放送の枠を購入して放送する際には、事前に台本を提出しますが、考査は昔と比べればそれほど厳しくありません。が、当時はとにかく厳しかったんです。この表現はだめだとか、この言葉は使ってはいけないだとか、今みたいに自由にやらせてくれる雰囲気ではありませんでした。日本では番組で何かあると放送局が責任を取らされますから、放送考査が厳しいんです。

具体的なことは憶えていませんけど、例えば「主婦の味方」って原稿に書いたら、ラジオを聴いているのは女性だけじゃないからダメです、ってそんな感じでした。

ラジオカーで宣伝していましたから、ある程度は注文が来るだろうと期待はしていました。が、予想をはるかに超えていました。どのくらい注文があるかもわからないから、臨時電話の回線は1本か2本しかとっていませんでした。それが鳴りっぱなしで、切ったら鳴るの繰り返しです。ラジオで5分間しゃべっただけで、カメラが50台も売れたんです。1台2万円ぐらいでしたから、売上は100万円です。5分で100万ですよ。ラジオの力って大きいんだって、本当に驚きました。

こんなに売れるんだったら、毎日でもやりたい。だれだって思いますよね。思いませんか？　けれど、長崎では放送は年に2回しかありませんでした。

なんとかもっと回数を増やせないかなと、あれこれ考えているうちにひらめいたんです。別に長崎じゃなくてもいいんじゃないか、ってです。ラジオで放送して、電話で注文を受けて、商品は宅配サービスで送りますから、長崎の放送局でなければならない理由はありませんよね。福岡でも熊本でもどこでもいいでしょう。だったら全国どこの放送局でもいいから営業しようと思いました。

そこで、私は動いたんですよ。でも簡単ではありませんでした。熊本とか福岡とか、まずは近いところから営業に回りましたけど、名前も信用もない会社が突然訪ねていっても、一回でハイどうぞっと言ってくれる局なんかありません。だから、一度断られてもそんなの当たり前と思って、何度も足を運びました。何度断られても、ちっとも苦とは思いませんでした。

救世主現る――ラジオショッピングの全国展開

そんなときに救世主が現れました。初めてラジオショッピングをした年だったと思いますが、その日はＮＢＣでラジオショッピングをしていました。生放送が終わってしばらくしたら、三川内の店に岡山のＲＳＫ山陽放送の久米田眞志さんと愛媛のＲＮＢ南海放送広島支社長の上田紘一さんが、突然訪ねて来られたんですよ。何の面識もないお二人でした。仕事の現場に行く途中だったけれど、タクシーの中で聞いたラジオショッピングがとても面白かったから、そのまま訪ねて来たっておっしゃるんですよ。

夕食をご一緒しながら、ラジオショッピングを全国で展開したいけれど、九州以外では受け入れてくれる局がなかなか見つからない、どうしたもんだろうと相談しました。そしたら、番組の枠をとるためにクリアしなければいけないことなどを、いろいろ助言してくださいました。

それがきっかけになって、お二人に大変お世話になって、翌1991年の1月には岡山のRSK山陽放送、広島のRCC中国放送、鳥取のBSS山陰放送、愛媛のRNB南海放送でラジオショッピングを開始することができるようになりました。さらに、九州では熊本、沖縄、大分、鹿児島、四国は全県、中国では山口でもスタートすることができたんです。

当時、そんなところはなかったんですよ。佐世保のカメラ店が長崎はおろか九州から飛び出して鳥取や岡山でラジオショッピングなんてだれも考えなかったし、普通はやらせてくれないでしょう。不可能と思いますから。それでもやったんです。できないと思えばそこで終わりですけど、やると決めたら、そのためにクリアしなければならない課題が見えてきて、課題が見えたら解決法を考えることができたんです。それも、それまでと一緒でした。

常識にとらわれず、なんでも売ってみる

ラジオショッピングを機に会社は急成長しました。地道に営業を重ねていった結果、放送は近畿や東北、北海道にまで広がり、当初は一局当たり年に数度だった放送の回数も着実に増やしていくことができました。東京や大阪のキー局の壁はなかなか超えられませんでしたが、ラジオショッピングを開始してから約4年後の1994年には、ラジオショッピングの本格的な全国ネットワークを作ることができました。先にお話ししましたとおり、ラジオショッピングを始める前の年商は2億7000万円でしたが、全国ネットワークが完成した1994年の年商は43億1000万円にまで増加しました。

ラジオの便利なところは、電話で放送ができるところなんですよ。東北でも北海道でも、わざわざ行かなくても、佐世保にいて電話でラジオショッピングの放送ができます。

でも、全部が全部、佐世保でできたわけでもなかったんです。スタジオで収録すると言われれば、5分の放送のために電車に乗って福岡まで往復3、4時間を何度も通いました。宮崎に行ったり、沖縄に飛んだりもしました。「完パケ」と言って、「完全パッケージメディア」のことですけれど、ラジオでそのまま流せるように完パケのテープに

して送ってくださいと言われるところもあったので、そのために長崎にスタジオを借りて、そこで収録してテープを送りました。そうやって局の要望にはなんでも応えて信用をいただいて、少しずつ枠を増やしていったんです。

放送は最初のころはほとんど一人でやっていました。どうしてもできないときは、店にいる社員とか女性のパート社員にラジオで話してもらって、その場を乗り越えてきました。そのパートの方は、今ではジャパネットたかたの役員です。全国ネットが完成したころは、朝から晩までしゃべりっぱなしでしたが、楽しくて面白くて、きついとは全然思いませんでした。

ラジオショッピングを広げていけたのは、放送枠をとるために奔走してくださった宝広告社という佐世保の代理店さんと山陽放送さんの協力が大きかったんですね。それが信用につながって、放送の枠を増やしていくことができたのだと思います。

とにかく、売れると思ったものは何でも売ってみました。カメラから始まって、ワープロ、パソコンにカーナビに携帯電話まで売りました。

後になって知ったことですが、当時はラジオの通販では1万円以上のものは売れないというのが常識だったそうです。商品を目にすることができないラジオで高額なものが売れるわけがないというのが理由です。そんなことは知らないもんだから、最初のラジオショッピングで販売したのは2万円のカメラでした。2年目ぐらいからはビデオカメラやシャープの書院パソコンなどの10万円を超える高額な商品も販売しました。

書院パソコンはスイッチを切り替えるとワープロとしてもパソコンとしても使えるという、とても魅力的な商品だと思いましたが、販売店ではまったく売れなくてメーカーは大量の在庫を抱えていました。でも、それにチャレンジしたら5000台近くも売れました。メーカーが驚いたほどです。ちなみに、書院パソコンは24万8000円でした。

そんな経験を積み重ねながら、商品の魅力をしっかりと伝えることさえできたら、商品が見えなくても、手に取ってみることができなくても、高額な商品を売ることはできると確信していきました。業界の常識にとらわれず、偏見を持たずに商品の魅力さえ伝われば売れると信じて、果敢にチャレンジしてきたから、道が拓けたのかもしれません。ラジオショッピングの回数は、年に2回と言われたところから始まって、月に2回、4回、10回……と増えていきました。今では月に1400回、佐世保から放送しています。ジャパネットはテレビだけじゃないんですよ。

苦労もありました。東京の局でラジオショッピングができたのはラジオ日本が最初でしたが、本格的にできるようになったのは93年に入ってからでした。まる3年以上かかりました。今では何回も放送していますけれど、東京で放送できるっていうのは大変だったんです。今のように東京、大阪、名古屋のキー局でラジオショッピングのレギュラー番組が持てるようになるまでには、さらに数年かかりました。時間はかかりましたけれど実現することができました。地道に一歩一歩前進することも大事ですね。継続は力なり、ですね。

ラジオショッピング草創期の奮闘

ラジオショッピングを始めたころは、やれるなら毎日でもやりたいと思いました。反響は大きいし、これは面白いことができそうだとわくわくしていました。だからといってカメラ店をやめるという発想はありませんでした。けれども、ラジオの枠がどんどん増えて、その仕事に追われる中でカメラを販売する時間がなくなっていったもんですから、新社屋の大塔第一ビルを建てた94年の5月に、通販に特化した経営にすることにしました。今やるべきこと、「今を生きる。」、それだけを考えて、自然の流れの中で決断しました。

とは言っても、一足飛びに通販専門の会社になったわけじゃありません。ラジオショッピングの回数がだんだん増えていって、回数が増えれば注文も増えますから、それに対応するために体制を作って課題を克服していく。その繰り返しでした。その延長線上にジャパネットたかたは生まれたと思います。

最初は臨時回線1本か2本で始めたのが、会社の交換台の回線は12本、24本って増えていくでしょ。電話を受ける人も増やさないといけないということで、アルバイトもたくさんお願いしました。それから、四国や中国地方で放送するのに佐世保のカメラ店ではおかしいから、通販九州、通販四国、通販中国という名称を使うことにしました。フリーダイヤルの番号は違っても、受ける方は同じですから、いろんなところから電話がかかってきて混乱して大変でした。

ほとんどの電話は放送してからすぐにかかってきますけど、遅れて電話してくるお客さまもおられるでしょ。だから、ビデオカメラの放送の後に、ワープロの注文がきたりするんですよ。大分で放送しているのに、愛媛から電話がかかってくることもあるんです。大分の放送の電波は愛媛県にも飛びますからね。慣れるまではそんなことも大変でした。

夜遅くに注文の電話をかけてくるお客さまもおられました。放送は昼にしていても、それを聞いた奥さんが夜にご主人と相談して、それから電話をかけてこられるんです。受付時間は19時までってしていたんですけど、時間が過ぎても電話はかかってくるんですよ。折角注文をいただけるのに19時過ぎたら受付終了ではいけない、21時ぐらいまではやらないと、と思いました。とは言っても、電話を受けるパートさんは帰ってしまいますから、後は私か妻かで対応するしかありません。でも、こども達が待ってるでしょ。それで、19時以降の電話は自宅に転送して対応することにしました。

そのころにはこどもは3人になっていました。お腹すかしているのに、電話が鳴りやまないときは遅くまで我慢させたり、お弁当を買ってきておいて食べさせたりって、そんなこともありました。

そんなとき、今度は長女が神戸の中学校に行きたいって言うんですよ。こどもが自主的にしたいと言ったことは何でも応援するっていうのが、特に妻の教育方針でしたから、行かせることにしました。ところが、その学校は親元から通学しないと合格しても入学させてもらえなかったんです。それで、長女を入学させるために妻と下の2人のこどもも神戸に行くことになりました。

じゃ、夜の電話はどうしようってなりますよね。神戸に転送することにしたんです。そこまでやりました。仕事の都合で娘の夢を取り上げることは考えたこともなかったし、かといって娘のために仕事を犠牲にするという発想もありませんでした。どうしたら両方できるかって、私も妻もそれしか考えませんでした。**できない理由を考えるのではな**

くて、どうしたらできるか考えて、できることはなんでもチャレンジしたんです。妻は1学期だけ神戸で暮らした後、長女を寮に入れて佐世保に帰ってきました。それまで、私は寂しく佐世保で一人暮らしをしていたんですよ。

東北でラジオショッピングが始まったときはまた大変でした。言葉が違うでしょ。聞いてもよくわからないんですよ。住所を伺ってもわからない。だからといって、いちいち漢字を聞いたりすればお客さまが不安になるでしょ。いったいどこの会社なの、ってなりますよね。地元なら普通わかるでしょ。実際に、佐世保の会社だとわかって断られたことは何度もありました。

佐世保の会社が本当に北海道まで商品を送ってくれるのかとか、故障したらどうすればいいのかって、お客さまは不安になります。だからですね、全国の電話帳を取り寄せたんですよ。今みたいにパソコンで簡単に検索できませんからね。住所はひらがなでメモしておいて、後で電話帳で調べて注文票に書き込むようにしました。だから社員は全国の住所に詳しくなりました。

ジャパネットたかたは社員旅行が年中行事です。対外的には研修旅行って言っているんですよ。それは私が独立した翌年からずっと続けていることです。

ラジオショッピングを始めたころ、四国の金刀比羅宮《ことひらぐう》（こんぴらさん）の方に社員旅行に行ったことがあるんですよ。30、40人って社員が増えたときにバス一台借り切ってですね。ガイドさんが「どこどこ町に入りました」って言うでしょ。そしたら拍手が起きるんですよ。盛り上がるんです。「あ、ここから電話を受けたことがある」「ここには送った」ってなるんです。みんな見たことも行ったこともない町の住所に詳しくなっていて、そこを本当に目にするのが楽しかったんです。

そのころは電話受付にパソコンもないから、伝票は全部手書きでした。専用の大きな倉庫もないから商品は空いた場所をみつけて積んでおく。そんなでした。それから箱がない。今みたいにロゴが入ったきれいな箱なんてないんですよ。三川内は陶器の町だから、陶器屋さんに箱をわけてもらって、それに梱包して送っていました。

電話受付係とか配送係とかそんなのは決まっていませんから、社員も私も妻もなんでもやりました。電話もとれば、空いている時間に伝票を書いて整理して、商品を箱に詰めて梱包して、ってですね。一度、壊れたらいけないと思って、ガムテープをぐるぐる巻きにしてビデオカメラを送ったことがありました。試行錯誤ですから、右も左もわからなかったんですよ。そのときのお客さまには本当に申し訳なかったと思います。

信頼重視でナショナルブランドにこだわる

ラジオショッピングで扱う商品は、ソニーとか富士フイルム、シャープのようなナショナルブランドにこだわりました。「どうしてどこの店でも売っているようなナショナルブランドの商品を売っているのか」とよく言われました。そんなものは量販店に行って買うから、ラジオでは買わないって、言われたんです。でも、よく売れました。

ナショナルブランドにこだわったのは、アフターケアを考えてのことでした。通販を利用するお客さまが心配するのは故障です。お店で買えば、故障したらお店に持って行きますよね。でも通販ならどうすればいいかって、お客さまは不安になると思ったんですよ。

ソニーの商品なら安心じゃないですか。日本人だから、キヤノン、富士通、シャープって聞いただけで安心するでしょう。だから、そこにこだわったんです。修理体制はありませんでしたから、実際に故障があったときは修理せずに新品をお送りしていました。お客さまとラジオ局に信頼してもらえるラジオショッピングの会社として、全国に広げていくために、そうしたんです。

金利・手数料ジャパネット負担！

「金利・手数料ジャパネット負担！」――。皆さん、このフレーズご存知ですよね。ありがたいことに、今では金利・手数料負担と言えばジャパネットを連想していただけるほど、皆さまにご支持いただいているジャパネットを象徴するサービスになりました。実は、金利・手数料の負担は、ラジオショッピングを始めたころからの、ジャパネットという名称が誕生する前からのサービスです。

こどもが保育園に通っているころだったと思いますが、運動会を撮影したいと思ってビデオカメラを買ったことがありました。ところが、まだ高いでしょ。確か50万円ぐらいしたんですよ。とても現金では買えませんでした。それで分割払いにしたんですけど、金利だけで十数万円もしたんです。馬鹿馬鹿しいなと思いました。結局、忙しくて3回ぐらいしか使えませんでしたからね。

ラジオショッピングを始めて、10万円、20万円を超える高額の商品を扱うようになったとき、そのことを思い出したんですよ。欲しいけれど一括払いではちょっと手が届かない。でも、金利を払うことには抵抗があって、購入を諦めておられるお客さまもいらっしゃるのではないか、ってです。それで、金利・手数料を会社で負担するサービスを開始したんです。

当時の金利は今のように低くありませんでしたから、負担は小さくはありませんでした。でも、お客さまの暮らしを豊かにする商品をなるべく多くの皆さまにお届けしたいとの想いから決断したんです。

少し後のことになりますが、テレビの地デジ化とエコポイント制度の特需で大型テレビが売れ、過去最高の売上を達成した年の金利負担は50億円を超えました。けれど、それは必要経費だと自然と考えるようになっていました。そして、そんなことは最初はまったく予想もしていませんでしたが、「金利・手数料ジャパネット負担」は、講演で口にすると笑っていただけるほどキャッチコピーとして定着し、大きな宣伝効果を発揮してくれたとも思っています。

もう一つ、ラジオショッピング開始当初からの販売方法として定着しているものに、セット販売があります。最近ですと、大型テレビと高性能スピーカー内蔵のテレビ台のセット販売がご支持をいただいています。これもですね、単に売上を伸ばそうと考えて始めたことではないんです。

カメラ店だったころには、レジのところに必ずフィルムを山積みにしていました。カメラだけを購入するお客さまはほとんどいません。カメラを買ったら、すぐにでも撮影したいでしょ。当時はデジカメではありませんから、フィルムがないと写真は撮れませんでした。ですから、カメラを購入されたお客さまはフィルムも買っていかれるんです。

ところが、通販ではついでにフィルムもということはできませんよね。でも、お客さまはすぐに撮影したいと思ってらっしゃる。それを想像して、商品が届いたらすぐに使えるようにと考えてカメラとフィルムのセット販売を始めたんです。ビデオカメラはテープと三脚にカメラバッグをセットにしました。お客さまが、ご家族の皆さんとピクニックにでも行って楽しくお休みを過ごしている。そこにビデオカメラがある。そういう光景を想像してセットにしたんです。

デジカメの時代に入ってからは、カメラと専用プリンターをセット販売しました。これには、撮影するだけでなく、思い出をプリントして家族の宝物にしていただきたいという私の強い想いがありました。

デジカメとＨＰ（ヒューレット・パッカード）社の複合プリンターのセットは多くのご支持をいただき、短期間で累計１００万台を販売しました。常に、何がお客さまに喜んでいただけるかを考えることは大切ですね。

スピードとタイミングが命――ハウスエージェンシー設立

1990年3月にラジオショッピングを開始して、92年12月の決算では売上は年間14億5000万円まで成長しました。その間、増え続ける注文に対応するために、電話受付や配送、在庫管理などの体制も、課題が見つかるたびに自分たちで考えて作っていきました。

この時期に、大きくなったビジネスに見合った体制を作り、さらに大きく飛躍するために大きな改革を行いました。自前の代理店を設立し、後に社名となる「ジャパネットたかた」というラジオショッピングの呼称や日本全国を図案化したロゴマーク、「北の町から南の町まで♪」で始まるテーマソングを作ったのもこのころです。

1992年の11月に「ルックトウウェンティワン企画」という代理店を設立し、銀座に事務所を構えました。営業に回るときには宝広告社と山陽放送を通していましたが、それでは手間も時間もかかるから、直接やろうと思ったのが代理店を作った一つの理由です。

銀座にしたのは、地方の放送局の支社は電通本社がある銀座に全部集まっていたからです。放送局の支社は中央通りに集中していましたが、賃料が高いので、昭和通りのビルの2階に3坪ぐらいの事務所を借りました。

ラジオショッピングの規模が大きくなってきたときに見えてきたのはスピードの課題でした。生放送でも収録でも、事前に放送内容をラジオ局に考査してもらわなければいけないことはお話ししましたが、代理店を通すと、こちらで作った原稿を代理店に渡し、代理店から放送局に届けなければなりません。放送局からの修正の要請も逆の経路で返ってきます。一度で済めばいいですけど、1回の放送でそれが2度も3度もあれば手間がかかりますし、手間だけならまだしも、時間がかかり過ぎるんです。

ラジオショッピングもテレビショッピングも、タイミングとスピードが命です。テレビショッピングのことは後で詳しくお話ししますけど、生放送の番組では、その日の天気や気候で紹介する商品を変えることがあるほど、タイミングは大切です。けれども、代理店さんを通してラジオ局とやり取りしている体制では、どうしても対応が遅くなります。スピードが足りないんです。今日は雨だから紹介する商品を変えようと思ってもできません。それで直営の代理店を作ることにしたんです。

「ジャパネットたかた」誕生

「ジャパネットたかた」の名前を使い始めたのは1993年からです。ラジオショッピングを始めたときには、九州の放送局でするときは通販九州ラジオショッピング、中国地方は通販中国ラジオショッピングという名前で放送していました。全国にラジオショッピングのネットワークが完成したころには、九州と中国、四国以外のところでは、「通販たかたラジオショッピング」という名前を使いました。

ラジオの年商が20億円を超えたころ、もっと名前をわかりやすくしたいと思うようになりました。それから親しみやすいロゴマークや耳に残る歌も欲しいと思いました。特にブランディングを勉強したわけではありません。そんなのがあった方がいいだろうとなって、自分の直感でやったんです。

それで、福岡の有名な広告デザイナーの平松聖悟さんにお願いして、50通りぐらいの名前を候補として考えていただきました。いいな、と思うものはたくさんあったんですけれど、これだ！とピンとはきませんでした。「なんか、違うんですよ」「どんな感じがいいんですか」ってお話ししているときに、「全国でやりたいから『全国ネット』でもいいんですよ」って言ったら、平松さんが「それじゃ格好悪いから、ジャパンネットはどうですか」とおっしゃいました。そのとき「あ、それだ！」って、ピンと来たんです。そしたら、平松さんがさらに「でも、ジャパンネットは言い難いですよ。ジャパネットはどうですか」と言われました。「来た——！」って、これが欲しかった名前だと思いました。さすがプロですよね。平松さんが「『たかた』はどうしますか」と言われるもんだから、それなら「『たかた』を後ろにつけて『ジャパネットたかた』にしましょう」ということで、ジャパネットたかたの名前が生まれたんです。

名前と同時にロゴマークも作っていただきました。日本列島をイメージしたあのマークです。名前とロゴマークができたら、歌も欲しいでしょ。それで、今度は福井放送の方に紹介いただいた作曲家の恒見コウヘイさんにお願いしたんですよ。「北から南まで、日本中をネットすることがわかって、わくわくするような歌がいいんです」ってお願いしました。そしたら、やっぱりプロの先生は凄いですよ。次にお会いしたときには、

北の町から南の町まで
素敵な夢を届けます
心安らぐゆとりの生活

電話一本かなえます
ジャパネット ジャパネット
夢のジャパネットたかた

って、もう、歌ができていたんです。

平松さんに恒見さん。素晴らしい出会いに恵まれて、ジャパネットたかたという名前とロゴマーク、そしてテーマソングが生まれました。この名前と歌がなかったら、今のジャパネットたかたはなかったかもしれないと思います。お二人には、本当に感謝しています。

テレビショッピングに挑戦

1994年、ジャパネットたかたはラジオショッピングと並行して、テスト的にテレビショッピングに参入しました。そして、翌年から本格的にテレビショッピングへの取り組みを始めました。皆さん、いよいよ、テレビショッピングが始まります。テンション上がりますよ。

90年にラジオショッピングを始め、94年には年商が43億円を超えました。4年間で売上は約16倍になっていました。ところが、調べてみると、ラジオの聴取率はとても低いようでした。テレビを見ている人はその何十倍もいるんですから、もっと多くの人に知っていただけるチャンスがあるはずです。テレビの世界に飛び込みたいと強く思いました。

当時は24時間のコンビニエンスストアが全国に広がって、深夜族が増えているって言われ始めたころでした。テレビは深夜になると砂嵐だったのが、テレビ東京が深夜の時間帯に、アメリカから上陸したテレコンワールドっていう30分枠のテレビショッピングを始めて100億円の売上があると聞きました。

ラジオショッピングですと、長くて5分、中には1分の番組もありました。ですから、深夜のテレビ通販の30分枠はとても魅力的に思えました。とにかくやってみたいと思いました。

ただ、いきなりキー局で展開するのは難しいだろうとも想像しました。そこで、ラジオでお付き合いのある局を通じて、地方局に企画を持っていくことにしました。

テレビの放送枠そのものを手に入れることは簡単ではありませんでした。が、そのとき、ルックトウウェンティワンが役に立ちました。銀座周辺に集まっていた地方のテレビ局の東京営業所に私自身が直接、ラジオショッピングの実績を持って営業してまわり、放送枠を獲得していきました。こうして生まれたのが、6つのテレビ局で週3回、深夜30分の番組として始まった「ジャパネットたかたテレビショッピング」でした。

ラジオショッピングとは、放送枠の料金も番組の制作費も全く規模が違いますから、採算がとれるかどうかもわかりません。でも、採算度外視で、とにかくやってみよう。そう考えて、見切り発車でチャレンジしたんです。

最初の「ジャパネットたかたテレビショッピング」を収録したときには、漫才の青空球児・好児さんに来ていただきました。緊張はしませんでしたよ。そんな暇はないんですよ。今でこそ、1時間番組なら商品は5つほどにして時間をかけて紹介していますけど、最初は一つの商品の紹介は3分ぐらいでやっていましたから、段取りを追うのに必死で緊張している暇なんかなかったんです。

枠はどんどん増やしていき、長崎や熊本ではお昼の時間帯に1時間枠も始めました。ラジオで放送局とはつながりができていましたから、信越放送とか山陽放送とか、いろんな地域の深夜枠を買って、制作会社に外注して番組を作ってもらいました。でも、制作費が高いんですよ。30分の番組を2本作って1000万円ぐらいかかることもありました。

その後も、地方の放送局などで枠を増やしていきました。ラジオのときと同じです。最初のころは、タレントさんを呼んで、一緒にやっていたんですよ。その方が私一人よりも見てもらえますからね。ダチョウ倶楽部さんやモト冬樹さん、大東めぐみさん……、そういう方々に交代で出演していただきました。番組が今のスタイルになるのは、まだまだ先です。

また忙しくなりましたよ。放送の枠が月に10本ぐらいだったのが、20、30と増えてきて、年間200ぐらいの枠が確保できたってなったら、どんどん撮影しなければいけませんから、ラジオの仕事もしながら、朝早く福岡の制作会社に出かけていって夜12時ごろに帰ってくる。それが月に1、2回だったのが週に1回ぐらいになって、大変でした。それでも、テレビを始めたらまた売上が伸びました。94年は43億1000万円だったのが、テレビに本格参入した95年には71億8000万円に伸びました。カメラにビデオカメラはもちろん、ワープロやカーナビ、カラオケセットにテレビと商品もどんどん増やしていきました。

テレビショッピングでさらに事業が成長しました。97年には自社社屋の隣に大塔第二ビルを建設し、同じ年の7月に、父の会社の支店として開店以来19年間営業を続けてきた三川内店を閉店しました。そして99年には、社名を正式に「ジャパネットたかた」に変更しました。

一生懸命にやった失敗はない――カタログショッピングと新聞折り込み

話は前後しますが、95年からはカタログ通販と新聞の折り込みチラシを始め、紙媒体に本格参入しました。ラジオとテレビの通販をしていて、ご年配の方には電波媒体での買い物に抵抗を感じる方もいらっしゃるかもしれないと感じていたからです。やはり馴染みのある紙媒体の方が買いやすいんじゃないか。それだったらアナログで、チラシかカタログかなって、思ったんです。

それで会員向けにカタログを発行することにしました。といっても、社内にはカタログやチラシを作った経験のある者もいません。それでも、とにかくやってみようということで、社内で10人ぐらいのチームを作って、最初は薄い冊子のようなものから始めました。素人だけじゃ難しいとわかったら、今度は印刷会社のデザイナーさんに協力していただいて、社員もアイデアを出して、何日も籠ってカタログを作った思い出があります。

後に正式に制作部を独立させて、2000年には大型総合カタログ『ジャパネット倶楽部』を創刊し、今では年に5回ほど発行しています。さらに、会員数は1500万人を超えています。日本人の1割以上になるんですよ。大変ありがたいことだと思っています。

紙媒体はカタログだけではなくて、ハガキタイプのDMもあります。商品を絞り込んで打ち出したいときは、ハガキでDMを送ることにしているんです。紙媒体一つにしても、みんなが一生懸命取り組んで、課題を見つけて議論を重ねていればアイデアは生まれてくるんですよ。それをやるか、やらないかですね。

私は、**やらなかった失敗はあっても、一生懸命にやった失敗はない**、と思っているんですよ。やって上手くいかないときは修正していけばいい。結果に一喜一憂するのではなくて、数字を見ながら修正して数字をあげていく、その繰り返しだと思います。それを私は自己進化型って思っています。

なぜ「失敗はない」と思えるかと言えば、毎日300%の力で物事に取り組んでいるという自負があったからだと思います。だから、他人からは失敗に見えても自分は失敗と思いません。取材でよく「失敗したことは」と訊かれますが、あまり思い浮かばないんです。

例えば500個売れると思った商品が100個しか売れなくても、「100個しか売れなかったから、失敗した」とは思いません。「うまくいかなかった点を修正して、また挑戦すればいい。次は500個を超えるようにしよう」と考えます。

多くの人は失敗そのものではなく、ベストを尽くさなかったことを後悔するのではないでしょうか。私は、**失敗というのは一生懸命にやらなかったこと**だと思っています。一生懸命やっても結果が出なかったときには、**失敗ではなく「試練」**という言葉を使います。そういう試練を乗り越えて、人も会社も大きくなっていくのではないでしょうか。

同じ年に、新聞の折り込み広告も始めました。ですから、ジャパネットたかたにとっては95年は紙媒体参入元年ということになります。こちらも最初は、ビギン・スモールでした。新聞の見開きの半分のD3というサイズで、地元の長崎県や静岡県で数十万枚を折り込みテストしました。

反応がよかったもんですから、地域を3カ所、10カ所と増やして、サイズもさらに大きなD2をテストしたりして、徐々に広げていきました。そして最終的には全国展開することになりました。

小冊子程度だったものから100ページもある分厚い本格的なカタログへ、テスト版から全国規模のチラシへと、紙媒体も成長していく中で、1回のカタログで億単位の売上を記録できるほどに進化していきました。1回のチラシでパソコンが1万台ぐらい売れたこともありました。驚かれるかもしれませんが、今ではジャパネットの中での売上ナンバーワンは紙媒体なのです。

常に自己更新――メディアミックスでネット通販開始

2000年にはインターネット上に「ジャパネットタウン」を開設して、オンラインショッピングの事業も開始しました。ウィンドウズ95が出て、パソコンが売れるようになり、ネットも随分普及してきたから、次の課題はネットショッピングだと思いました。時代の流れの中で、これからはネットをやらないといけないと思って、いち早く挑戦することにしたんです。

ただのホームページじゃ面白くありませんから、半年くらいかけて準備して、「ジャパネットタウン」と名付けたバーチャルモールを作りました。当時としては珍しかったと思います。

百貨店みたいにして、ここはデジタルカメラとか、こっちはテレビであっちはパソコンとか売り場を作りました。そして、バーチャルモールに入って来たお客さまとチャットで話ができるシステムを作りました。ご質問があるときは、百貨店で店員さんに話しかけるように、チャットでご質問をお受けできるようにしたんですよ。リアルタイムで、担当の社員が説明するんです。

まだ、パソコン自体がそれほど普及していませんでしたから、正直に言うとそれほど期待もしていませんでした。けれども、実際に売れたときには驚きました。4万円もするカメラがインターネットで売れるんだという驚きでした。

ご存知のとおり、ネットビジネスの世界はものすごい速さで成長しました。ジャパネットたかたでも2000年にインターネットショッピングを始めて、10年後の2010年には1年間で600億円近くの売上がありました。これからはネットの時代だと実感し、インターネットの部署を作りました。テレビショッピングの動画のストックはいくらでもありますから、動画を配信しています。スマートフォンでは、専用のアプリを使って、知りたい商品の動画が出てくるとか、いろんなことに挑戦しています。ネットは今後最も可能性のある媒体だと思っています。

広告戦略でメディアミックスが言われ始めてもう随分経ちますけれど、ジャパネットたかたもメディアミックスです。ラジオをやって、テレビをやって、会員が増えてきたからカタログを始めて、インターネットが普及してきたからネットもと、課題を見つけて目の前にあることに全力を尽くしてきた結果、いつのまにかメディアミックスの業態になっていました。

当初はご注文を媒体ごとに頂いていたんですよ。テレビを見た人はテレビで見た連絡先に、ラジオはラジオっていうふうにですね。でも、それじゃ面倒と思われるお客さまもおられますよね。とくに最近の若い人は電話が好きじゃない人が多いでしょう。テレビで見ても注文はネットでしたいと思う。それで、2004年からは、ネットのサイトを「メディアミックスショッピング」にリニューアルして、テレビ、ラジオ、カタログの商品もネットで注文できるようにしました。

テレビでキャンペーンをしますよね。そしたら、2割ぐらいはインターネットで注文が入ります。あと10年も経ったら、高齢者もみんなスマートフォンの時代になるでしょ。それも課題です。その時代を見据えて準備しておかないといけません。時代は変わっていきますから、同じことをやっていたのでは取り残されて、振り向いてもらえなくなってしまいます。

ですから、時代の流れに敏感になって、見聞を広げ、勉強して、**常に自己更新していくことが大切だと思います。これは人も企業も同じですよ。人も企業も常に自己更新。今を生きて、自己更新を続ける**ことが大切と思っています。

お客さま目線で独自のサービスを確立する

ジャパネットたかたは、メーカーにお願いして、一般の商品に少し工夫を施したオリジナル商品を作っていただいています。

モノづくりをするのがメーカーで、それを販売するのが販売店です。餅は餅屋ですよ。販売店にはモノを作る技術も能力もありません。ただ、ラジオショッピングとテレビショッピングを続けていて、思ったことがあるんです。私たちにはモノは作れないけど、アイデアは出せるんじゃないか、ということです。

実際に商品を買って、使い方がわからないとか、すぐ壊れたとか故障したとか、そんな相談や苦情が寄せられるのは、圧倒的に販売店です。カスタマーセンターには毎日、そんな声が寄せられています。お客さまの一番近くにいるのは、メーカーではなくて私たち販売店です。つまり、お客さまのニーズが一番わかっていて、商品についてお客さま目線で考えられるのは、販売店だと思ったんです。

そこで、お客さまの声をメーカーに届けるいい方法はないかと考えてみました。また、課題ですね。そして、行きついたのがオリジナル商品だったんです。

例えば、ボイスレコーダーがあります。後でも触れますが、ジャパネットたかたでは、ビジネスマンが購買層の中心だったボイスレコーダーをシニア層にご提案して、新たな市場を開拓したことがあります。ヒットしたものですから、シニア層に使いやすいようにと、再生や録音のときによく使うボタンを、通常商品より大きくしたオリジナル商品を作っていただきました。また、タブレットではシニア層向けにクイックマニュアルを作っていただいています。マニュアルは厚すぎるしわかりにくいって思ったことありませんか？　ジャパネットのオリジナルマニュアルは説明を短くしてわかりやすく作るように心掛けています。

機能がたくさんあり過ぎて、複雑で使いこなすのが難しい家電がいっぱいあるでしょう。日本のメーカーには消費者の多様なニーズになんでも応えた方がいいという思いがあるからでしょうか、あれもこれもとどんどん機能が増え続けています。こんな機能はなくてもよいから、もっと安くならないかなって思ったことありませんか。そんな消費者の皆さんの声もメーカーに届けているんです。

テレビや洗濯機の家電製品の設置サービスや、パソコンやタブレットの設定サービスも早くから取り組んできた独自のサービスです。エアコンを購入されるときは設置サービスがあるのは当たり前ですよね。エアコンの取り扱いを始めたときジャパネットでも設置サービスの方法を考えました。そのとき気がついたんですよ。エアコンだけではなく、洗濯機や冷蔵庫のような大型家電にも設置サービスがあったら喜んでいただけるんじゃないかってですね。

特に、ご高齢のお客さまは、洗濯機が届いても水道や排水溝にホースをつなぐのは大変でしょう。それではすぐに使えませんよね。大型テレビも同じですよ。リビングに運んでもらうだけでは、すぐには見られません。アンテナやらレコーダーやらのコードを正しくつながないと見られないんですよ。そういうことが苦手な方いらっしゃいますよね。それで、届いたらすぐに使えるようにしようと思って、設置サービスを始めました。

パソコンの需要が高まったときには、ご自宅を訪問しての初期設定サービスを付けました。パソコンは届いても、インターネットやメールの設定ができなければ、書斎の置物になってしまいますよね。私なんか本当にそうなんですよ。このように、お客さま目線で発想して、通販では難しいと考えられていたサービスに取り組みました。最近ではタブレットです。こちらには、初期設定だけでなく、使いこなせるようになるためのレッスンをセットにしている商品もあります。

2002年からは今ではジャパネットの名物の一つになっている下取りサービスも始めました。最初はビデオカメラだったんですよ。新しい高性能の商品が発売されても、使い慣れた製品を捨てるのはもったいないですよね。愛着もあります。新しいものを買えば、古いものは不用品になってしまいますが、捨てるのは忍びない。そんなお客さまの気持ちを考えたんです。

その後、デジカメやテレビ、掃除機と下取りの商品は増やしていきましたが、とてもいいカメラが集まったんですよ。まだまだ使えるだけではなく、カメラのオールドファンなら欲しいと思うような一眼レフカメラも下取りで集まってきました。そこで、捨てるのはもったいないですから、状態のいいものはメンテナンスをして、インターネットで中古カメラとして販売することにしました。カメラの一部は、本社1階の展示場に飾っています。まるで、カメラのミニ博物館のようになっているんです。

カタログと折り込みチラシのショッピングを開始したころに始めた企画に年末の「利益還元祭」があります。第1回目は1998年の秋で、抽選で100人の皆さんをハワイ旅行にご招待しました。もちろん、販売促進のための企画でしたけれど、それだけじゃないんです。通販会社ですから、コールセンターでお電話を通してお客さまと触れ合う機会はあっても、街の販売店のように直接お客さまと接する機会はありません。お客さまと直接触れ合い、生の声をお聞かせいただく機会にしたいと思って企画したんです。

ハワイ旅行ご招待というと、旅行券が当たるんだと思うでしょ。それがジャパネットは違うんです。100人のお客さまとご一緒にハワイ旅行に行くという企画です。もちろん、ハワイには私を含め、テレビショッピングに出演しているMCや会社のスタッフも同行しました。旅行社と団体旅行のプランを考え、各地の空港でスタッフがお出迎えし、お帰りの際にはお見送りもします。そして、ハワイでは全員をご招待して船上パーティーを開いたんです。これには、参加したお客さまにとても喜んでいただけました。以来、年々形をさまざまに変えながら、利益還元祭はジャパネットたかた最大の年間イベントとして今日まで続いています。

スタジオ建設――できない理由ではなく、できる理由を考える

94年にテレビショッピングを始めて7年後の2001年に、佐世保に自前のスタジオを作りました。これによって、ジャパネットたかたは画期的な変化を遂げました。さあ、皆さん、いよいよ本番ですよ。テレビショッピングが今のスタイルに生まれ変わります。

それまでは制作会社に番組を制作していただいていましたけれど、1時間の番組を作るのに1000万円ほどの費用がかかるのと、そのたびに片道2時間かけて福岡まで行くことに限界を感じてもいました。時間がもったいないんです。けれど、一番の理由はスピードです。商品のサイクルが早くなって、それまでのやり方は時代に合わなくなってきていました。

特にパソコンは過当競争の時代で、各メーカーが年に3回か4回、新型を売り出していました。番組制作には収録から完成までに1カ月以上かかります。テレビ局には放映の2週間前くらいには納品しないといけませんから、収録から放送まで2カ月弱の時間が経過してしまいます。そしたら収録した時には新商品でも、放送のときにはもう新商品じゃないんですよ。とにかく遅い。自社のスタジオを作って番組の制作も自前でやればもっと速くできる。そう思って決断しました。

スタジオ建設にはもう一つ大きな理由がありました。CS専門チャンネルです。地上波は枠を買うだけですけど、CSなら休みなく24時間放送ができます。これは面白いと思いました。それで、スタジオ建設を決断したのと同じころ、当時の郵政省にCSデジタル放送委託業者にしていただけるようにお願いに行っていました。

幸い、許可をいただくことができました。それはよかったのですが、2001年の3

月末から放送を開始するというのが条件でした。専門チャンネルを持つからには、生放送は絶対にやりたいと思っていましたし、開始まで半年ほどしか猶予がありませんでしたから、お尻を叩かれるような形で、大急ぎでスタジオの建設にとりかかりました。

自前のスタジオを作って、制作も自社でやると言ったら、周りから猛反対されました。とくに、制作の難しさを知っているテレビ局の人からは絶対に無理だと言われました。スタジオは作れたとしても、スタッフはどうするのか。カメラマンは10年で一人前になると言われているのに、できるわけがないでしょうって、言われたんです。

私は何とかなると思いました。できない理由を考えて、できないと決めてしまったら、それでお終いですけど、やると決めたら、そのための課題が見えてくると思っていました。

とにかく、社内から若手10人を選んで東京に研修に出しました。短期間でキャリア10年の方のようにできるようにならなくても、放送事故を起こさないで放送できるぐらいのレベルにはできるんじゃないかと思っていました。

ところが、テレビ関係者の人が異口同音に言われていたとおり、3、4カ月の研修では番組が作れるまでのレベルにはなりませんでした。年末に研修から帰ってきた社員は、自分たちだけでやるのは無理だと口を揃えました。それでもCS放送のスタートは目前に迫っています。なんとかするしかないでしょう。あと3カ月。さあ、どうしようって、ですね。

それで、最初は福岡と大阪の派遣会社に頼んで、カメラマンや音声さんなど10人に常駐してもらうことにしました。派遣社員10人と自社スタッフ10人の20人体制で、3月にスタートしたんです。

派遣会社からのプロのスタッフに4カ月間常駐していただいて、研修に行った若手の社員も加わって毎日放送しながら、徐々に社員だけで放送できる体制に移行していきました。研修に出したのは無駄ではありませんでした。3カ月間必死で勉強してきたことが活かされました。それでも人手が足りなかったから、専門技術を持った人を採用したりもしました。そうやって、自前でやる体制を作っていったんです。

猛反対の嵐——生放送へのこだわり

2001年の3月にスタジオが完成して、同じ月にCS放送の「ジャパネットスタジオ242」が開局しました。そして、すぐに生放送テレビショッピングを開始しました。6月にはNBC長崎放送で、地上波でも初めての生放送テレビショッピングを放送しました。

生放送にも大反対されましたよ。それはもう猛反対の嵐でした。テレビショッピングを生放送するなんてことは、だれも想像してなかったんですよ。編集した番組の方が安全でしょ。生放送では何が起こるかわかりませんし、放送事故が起こったら、最悪の場合、放送委託業者の許可が取り消されることもあります。だからだれも考えなかったんです。生放送なんてありえない。絶対にダメだと、何人もの人に言われました。

けれど、私はできると思いましたし、生放送にこだわりました。生放送だからこそ、お客さまに感動を伝えられると思ったんです。やってみてわかったことですが、生放送ならではの緊張感は話し手の語り口を変えてくれます。臨場感も出てきますよ。そして、それはお客さまの共感にもつながって、売上にも反映するんですよ。

例えば、日本人はお天気の話が好きでしょう。挨拶の代わりにお天気の話をするのは、日本人とイギリス人だけだそうです。「おはようございます。皆さん、今日はいいお天気ですね」って、収録じゃ言えませんよね。生放送ならこれができるんです。それが大切だと思ったんです。

少し後のことになりますけど、2007年に高知空港でANAの飛行機が胴体着陸したことがあったの、憶えてらっしゃいますか。着陸しようとしたら車輪がでなくて滑走路に降りられず、空港の上空を2時間近くぐるぐる回っている映像がニュースで流れていましたよね。実は、あのときは生放送の直前だったんですよ。ニュースを見ながらどうしようかって思いました。日本中の皆さんが、ハラハラドキドキしながら、飛行機に乗っている人たちがどうなるのか心配しているときに、テレビショッピングをしていいものなのかどうか、するとしてもどんな感じでお話しすればいいのか、私自身もニュースを見てハラハラしながら考えていたんです。

胴体着陸は一人の怪我人も出すことなく見事に成功しましたよね。スタジオの私たちも胸をなでおろし、自然と拍手が沸き起こりました。10時54分でした。なんと、生放送開始の数十秒前でした。放送では、もちろん、その話から始めました。

「皆さん、見てましたか？　飛行機、良かったですねぇ。私も嬉しかった。思わずスタジオで拍手しちゃいました」

これが、生放送なんです。突発的に起こるさまざまな出来事も視聴者の皆さんと共有できます。同じ時間を生きていることが、ダイレクトに伝わるんだと思います。収録ではこんなことはできません。生放送だからこそ、どんなことが起こっても、ご覧になっていただいているお客さまの心に寄り添って番組を作ることができる。生放送は視聴者の皆さんと、その瞬間の感動を共有できます。それが、私の拘《こだわ》りの一つでした。

自前だから作れた「ジャパネットスタイル」

自前のスタジオで放送を始めたら、いろんなことができるようになりました。ちょっとした思いつきや工夫も、商品の変更にも臨機応変に対応できます。スタジオを持ったことで、ジャパネットたかたの番組のクオリティは、非常に高まったと思います。

2010年には東京にもスタジオを作りましたけど、一番多い時には、テレビのスタッフが100人規模になりました。全部社員です。同じ時間に生放送の番組を2つ作って別々の地域で放送することもありますから、2つのグループがあるんですよ。それに、ロケもありますからね。

2007年にはハイビジョンの中継車も買ったんですよ。それで、いろんなところに行きました。京都の太秦《うずまさ》とか札幌の雪まつりとかですね。佐世保から行くんですよ。中継車で行けばどうなるかと言ったら、行った先がスタジオになるんですよ。そうやってどんどん番組の幅が広がっていきました。

スタジオができるまでは、タレントさんに出演していただいて、一緒に番組を作っていましたが、自前のスタジオになってからは、私一人がしゃべるスタイルに変えました。

2009年には、本社社屋の1階にスタジオを新設、移転。

収録の場合は一回撮れば100回でも流せますけど、生放送は1回だけですからね。費用がかかり過ぎて毎回タレントさんに来ていただくことはできません。それじゃ私一人でやればいいってなっただけでした。それが、今のジャパネットスタイルの始まりでした。

24時間放送の専門チャンネルを持ちましたから、番組の枠も増えていき、一人ではできなくなりました。それで、社員にもやらせてみようということになりました。ラジオもそうでしたからね。番組が多くなってきたら、社員もMCとしてしゃべるようになっていました。適材適所です。

MCは全員私が指名しました。話が上手いのはもちろんですが、心を表現できるかどうか、情熱を伝えることができるかどうかが、選択基準でした。一番古株の塚本慎太郎君は、バイヤーからMCに抜擢しました。中島一成君は、もともと技術スタッフだったんですよ。最初に東京に研修に行かせた中の一人です。それが今はMCですよ。

自社のスタジオを持ったことは、今のジャパネットたかたがある一番の理由だと、私は思っています。あれが、ターニングポイントでした。スタジオを持つことで、早い時代の変化に即応して、ハードルの高い課題も乗り越えてくることができました。スタジオを作っていなかったら、今日佐世保に届いた商品を今日紹介できる体制もできませんでした。スタジオがなかったら、他のテレビショッピングと似たようなものになってしまい、特色を出すことはできなかったかもしれません。

スタジオ作りはゼロからの出発で、反対もされましたけど、できない理由に納得することなく、可能性を追い続けたからこそ成功したのだと思います。これをやってなかったら、今のジャパネットたかたはありません。これも、「今を一生懸命に生きる。」という思考から生まれたことだと思います。

第4章 伝わるコミュニケーション

スキルとパッション、そしてミッション

今年（2016年）1月にテレビショッピングから引退するまで22年間、カメラの前で商品をご紹介し続けてきました。ラジオショッピングを含めると26年です。我ながらよくしゃべり続けてきたものだと思います。おかげさまでラジオショッピングを始めてから、皆さまに支えられてジャパネットたかたは成長し続けることができました。ジャパネットの情報発信力はテレビや雑誌などさまざまなメディアで取り上げていただいています。それも、ありがたいことだと思っています。

取材では、高田はどんなふうに伝える力を身につけたのかという質問をよく受けます。そのたびに、私はどう答えればいいのか困ってしまいます。なぜかと言えばですね、私はだれかにしゃべり方を習ったわけでも、勉強したわけでもないからです。自分なりに一生懸命にやり続けていたら、自然といつの間にか今のようなスタイルができあがっていたんです。

だれかに習ったわけでも、勉強したわけでもありませんけど、長年カメラの前に立ち続けてきてわかったことや、私なりの方法論や私的コミュニケーション論、情報発信哲

学と言えるようなものはあります。社長在任中から、ジャパネットたかたの制作スタッフに折に触れて伝えてきたことですが、この機会にそれを皆さんにもお話ししたいと思います。

何か他人に伝えるときに大切なのは、スキルとマインド、そして、ミッションだと私は思っています。ミッションとは「何のために伝えるか」ということです。スキルについては、私が26年間のラジオ・テレビショッピングを通して、やってきたこと、考えてきたことを、後で詳しくお伝えしたいと思います。

マインドはなにかと言えば情熱ですね。パッションです。伝えたいと思う熱い想い。これが何より大切だと思います。

例えば、お店には店員さんがいますよね。やる気が感じられない人が立っていることもあるでしょ。店員が不愛想だったら売れるわけがないですよ。お客さんが来たら一生懸命に商品を説明する。笑顔で接客するからお客さんは買ってくださる。それと同じです。テレビショッピングでも、視聴者は情熱を持った人が語っているかどうかを見ていると思います。演技でいくら取り繕っても、その人が本当に伝えたい情熱を持っているかどうかは見えてしまうんです。

ミッションは「なぜ、何のために伝えるのか」ということですね。これが曖昧だと、そもそも伝えたいという情熱は湧いてきませんよ。私はジャパネットたかたのミッションは、商品の先にある「感動」をお伝えし、商品を手にしたお客さまに「幸せ」をお届けすることだと考えてきました。ですから、私は何よりも先に皆さんの幸せに想いを馳せることにしています。そうすると、伝えたくなります。伝えずにはいられなくなるんです。

ミッション――感動を届ける

ミッションについて、もう少し詳しくお話ししたいと思います。

少し理屈っぽくなりますが、「伝える」ということがある前に、伝えたいことがあるのが普通ですよね。そして、伝えたいのには理由があります。その理由に曇りがあると、伝えたいことは上手く伝わらないと私は思います。例えば、後ろ暗い気持ちがあって、相手に言い難いことを伝えなければならないときに、情熱を持って明るくはきはき話ができる人はいませんよね。口ごもりがちになって、なんだかよくわからないような話しぶりになるのではないでしょうか。

ビジネスはお客さまに価値のあるものを提供し、対価として金銭を頂戴することで成り立っています。買っていただきたいのは、もちろん利益を上げるためでもありますが、それだけじゃありません。本当に違います。売った私たちにも、買ってくださったお客さまにも、双方に「利益」がなければ、それはビジネスではないと思います。ですから、買っていただきたいのは、利益を上げるためであるのと同時に、商品を通してお客さまに利益を、価値といった方がよいかもしれませんが、提供したいという強い想いがあるからです。

私は自分が売った商品は必ず、お客さまに感動していただいたり、お客さまの生活を楽しくしたり、便利にしたり、豊かにしたり、ときには人生を変えてしまったりすることもあると信じています。反対に言えば、お客さまに喜んでいただけると確信のもてる商品しか販売してこなかったと断言できます。そういう商品だけを一生懸命に探して選んできました。そして、伝える前に「なぜ、何のために」売りたいのか、「なぜ、何のために」伝えたいのか、ということを徹底的に考えてきました。

例えば、ジャパネットたかたは、地上デジタル放送への移行前に、大画面の薄型テレビをたくさん販売しました。テレビの買い換え期だったわけですが、テレビはどこでも買えるのに、多くの皆さんがジャパネットたかたでテレビを買ってくださいました。

私はこんなふうにテレビを紹介しました。

「皆さん、42インチの大画面テレビがリビングに来たら、格好いいでしょう。お宅のリビングが一気に生まれ変わりますよ。素敵なリビングになるんです。それだけではないですよ。大きなテレビがあったら、自分の部屋にこもってゲームをしていたこどもたちがリビングに出てきて、大迫力のサッカーを観たりするようになりますよ。家族のコミュニケーションが変わるんです！」

大画面のテレビを紹介するのに、私は機能や性能には触れませんでした。その代わりに、大きなテレビがリビングにあったら、生活がどんなふうに変わるか、お客さまにとってどんなよいことがあるのかを想像してみたんです。量販店にたくさん並んだ大画面を眺めて、画質を比較しているだけでは、こういうことは想像できないでしょう。大画面テレビの本当の魅力はどこにあるのか、大画面のテレビがあれば、お客さまの生活はどんなふうに変わるか、それを考えたんです。

モノを売るときに大切なことは、お金儲けを第一の目的にしてはいけない、ということです。利益はこちらがお客さまに提供できた価値の対価です。それは後からついてくるものであって、先に求めるものではありません。その順番を間違えたら売れるものも売れなくなると思います。

お客さまは本当によくわかっておられます。消費者、視聴者と言い換えても同じです。売り手の考えなどすべてお見通しです。隠そうとしても、売り手の本心は知らず知らずのうちに伝わってしまっています。ですから、本心から、お客さまにどんな価値を提供することができるのか、「なぜ」「何のために」その商品の良さを伝えるのか、とにかくまずは、そこに思いを巡らせることが大切だと思うのです。

私がそれをミッションと呼んでいるのは、そんな理由からです。

パッション——伝えることではなく、伝わること

高田はしゃべりがうまい、モノを売る才能があるって言ってくださる方もいますけど、全然、そんなことありませんよ。むしろ、自分では口下手だと思っています。無口とは言いませんけどね。何年やっても佐世保訛りは抜けませんし、流暢に話せるわけでもありません。声が裏返っているでしょ。うるさいって言われることもあるんですよ。取材を受ければ「どうしてあんな声になるんですか」と、訊かれ続けてきました。

信じていただけないかもしれませんけど、普段の私は声は低いですし大きくもありません。テンションも高くないですよ。初めてお会いする方には、「いつもと違います

ね」って驚かれたりします。私は答えるんですよ。「あのテンションでずっと生活していたら、私はこの齢まで生きていません」って。

かといって、テレビでは別の自分を演じているかと言えば、そうではありません。あれも私の一面で、意識していないのに、テレビカメラの前に立つとあの声になってしまうんです。「伝えたい」という気持ちが強いと、どうしても声が高くなるんです。

伝えたい想いが強いときには、人は声が高くなるものなのではないでしょうか。本当に伝えたいことは、どうしても何度も繰り返してしまいます。「好きだ」って1回言うよりも、「好きだ。好きだ好きだ」って何度も言った方が、伝わるような気がしませんか。100回言えば、その気持ちは必ず相手に届くはずだと思いますよね。テレビショッピングもそれと同じです。

コミュニケーションで最も大事なことは何だと思われますか？　私は**「伝えること」ではなくて「伝わること」**だと思います。テレビショッピングをやっていると、それをひしひしと感じます。今日のこの放送はお客さまに伝わっただろうか、って思うんです。「伝える」と「伝わる」は全然違います。

伝えたいことが相手に伝わっているかどうか。その原点に立ち帰らないと、コミュニケーションはうまくいきません。自分は伝えたつもりでいても、相手にはまったく伝わっていないことはよくありますよね。それは夫婦の間であっても、親子でも、会社の人間関係や政治の世界でも同じだと思います。自分の気持ちがちゃんと伝わっていなければ、いい関係は築けません。**伝えたつもりではだめなんです。**

だから、私は「ただ伝えるのではなく、伝わるようにしないといけない」といつも思っています。そのために大切なのは、やはりパッション、情熱ですよ。強い想いがあれば、それは身体から発せられます。この商品を使っていただければ、お客さまに幸せを、楽しみを、感動をお届けできると思えば、伝えたい想いは一気に強くなります。すると、自然にテンションは上がってしまいます。

それは私の性分なのかもしれませんね。仕事だけではなくて日常生活でも、例えば、本を読んで感動したりしたら、私は周りの人にしつこく勧めるんですよ。こんなこんなでとてもよかったからぜひ読んでみてって。あんまりしつこいもんだから、嫌がられることもありますよ。でもですよ、伝えずにはいられないんですよ。

社員にでもですね、テレビを見ていいと思ったら、録画しておいて30人でも集めて見せるんですよ。シンクロナイズドスイミングのコーチで井村さんっているでしょ。リオオリンピックでも輝いていましたよね。以前、井村さんのドキュメンタリー番組を見せて言ったんですよ。「俺も厳しいこと言うけど、井村さんはもっと厳しいでしょ」って。

「でも、過程は厳しいけど、言葉も荒いけど、メダルとったときは、抱き合って喜んだでしょ。人間ってそれなんだよ」って、そう語っている自分がいるんですよ。

皆さんも、目の前にいいものがあったら、周りの人にも教えたくなるでしょう。そんなこと、ありませんか？　私はそれなんですよ。

自分が「いい」と感じたモノを人にも伝えていく仕事。それこそが人にモノを売る仕事だと、私は思っています。想いが相手にしっかり伝われば、売上は自然についてきます。インタビューで、「テレビショッピングの番組出演中にどんなことを考えているのですか」と訊かれることがあります。私が考えていることは、とてもシンプルですよ。その商品を買ってくださった皆さんが、喜んだり、楽しんだり、感動したり、幸せな気持ちになっていらっしゃる姿です。商品というのは、実はとんでもない力を持っていることがあるんです。人の生活や、人生だって変えてしまうこともあります。

例えば、10年以上前のことですけれど、こんなお手紙をいただきました。小児がんを患っている息子さんのために、闘病の励みにと考えてニコンの一眼レフカメラを購入されたお客さまからの手紙でした。

お子さんは喜んで写真をたくさん撮影し、作品が新聞に掲載されたそうです。一眼レフで写真を撮る楽しみの中で、お子さんは元気を取り戻し、カメラが家族にとっての光になったというのです。

嬉しかったですよ。本当に。一眼レフカメラを売ってよかったたって思いました。6年か7年経ってまたお手紙を頂きました。お子さんはがんを克服して、今はお父さんと一緒に仕事をしているということでした。

こんなお手紙もいただきました。東北の方の農家のお嫁さんからのお手紙です。お嫁さんはお姑さんとの関係がうまくいかなくて困っていたそうです。無口なお姑さんとどんなふうに接したらいいのかわからない。なかなか心を開いてくれない。共通の話題を見つけるのも難しいと悩んでおられました。

そんなとき、私がカラオケマイクを紹介していたのを見て、思い切って買ってみたら、なんとお姑さんはカラオケが大好きだったそうです。一緒にカラオケを歌ったらお姑さんと仲良くなれた。それまでのことが嘘みたいに、嫁姑関係がうまくいくようになりましたという、お礼のお手紙でした。

カラオケマイクが悩みの多かったお嫁さんの生活を変えてしまったんです。わずか2万9800円、金利・手数料ジャパネット負担のカラオケが、その価格の価値を大きく超えてその人の人生を変えてしまう。そんなこともあるんですよ。

ジャパネットの大ヒット商品にシニア層向けのウォーキングシューズがあります。累計85万足（2016年4月現在）も売れています。今もテレビショッピングで紹介すると、どんどん売れていきます。

私はテレビショッピングでこのシューズを紹介するときには、日本の高齢者3300万人が、街に繰り出して元気に歩いている姿をイメージしてカメラに向かっていました。楽しそうに、幸せそうに皆さんが歩いている姿です。そういう姿を思い描くと嬉しくなりませんか。そうすると、伝えたい気持ちが一層強くなって、自然とテンションがあがってしまいます。私の気持ちは、画面を通してお客さまに届いていると思うのです。

ミッションの話と重なりますが、モノを売る仕事をしている人間にとって最も大切なことの一つは、売っている本人が商品やサービスに絶対の自信を持っていることです。ですから、商品やサービスに惚れ込む必要があります。というよりはむしろ、惚れ込んだ商品を売ることがよいと思います。私がジャパネットで扱う商品を選ぶときは、これは絶対に売れる、と自分が信じられるまで研究しました。実際、ほんの少しでも自分の中に迷いがあるとよい結果は得られません。「本当はこの商品はなぁ……」などと思いながら商品を紹介していたら、本気にはなれません。迷いがあれば、商品名を間違えたり商品紹介でミスが出たりするんですよ。自ずとテンションも下がってしまいます。

いつも本気で紹介したいと思えるもの、想いがあるものを選ぶ。だからテンションも高まる。だから、伝わる――。長い経験の中で、私はそれを学んできました。

売れ行きは「気力」で決まる

生放送で同じ商品を紹介しても、よく売れるときとそうでないときがあります。なぜそんな差が出るんでしょうか。私は、売れ行きを左右するのは「気力」だと思ってきました。気力がどのくらい出ているか、それが相手に伝わったかどうか。それで商品の売れ行きは大きく変わってしまいます。

不思議なことですが、気力というものはテレビ画面を通してでも、出演者の顔や身体から放たれていて、それが視聴者の方にも伝わると思うんです。ですから、まず大切なことは、自分自身が「この商品の魅力を伝えたい」と強く思うことです。それが気力のベースでしょうね。そして、その想いをどれだけ強く商品の紹介に込められるかが勝負です。

いつも同じように300%の気力でできれば理想ですけど、私も人間ですから、そうしようと思っていても、なかなかできないこともありました。だから、私はときどき周囲がびっくりするようなチャレンジを、自分に課すことにしていました。とんでもない目標を公言するんです。そうすることで自分にプレッシャーをかけ、気力を強くすることができると思ったんです。

ある週末、地方局の4局同時生放送が決まっていたことがありました。そのときスタッフのみんなに「いつもの5倍売ろう」と言いました。2倍とか3倍ではないんですよ。5倍です。スタッフはみんな驚いていました。ちょっとやそっとのことで達成できることではありません。私はいつも以上に気合いを入れて、生放送に臨みました。

本番が始まりました。ものすごい緊張感の中で、私は気力を振り絞りました。どうしても、この商品の魅力をたくさんの方に伝えたい。想いを通り越して、それはほとんど魂の叫びのようになっている気がしました。

生放送が終わるでしょ。そしたら、興奮のあまり涙が出そうになっていたんですよ。自分自身が圧倒的な気力を放出できたことに感動していたのかもしれないですね。スタジオにいたスタッフからは拍手が起きました。そんなこと普通はないですよ。目を潤ませているスタッフもいました。スタッフのウォーという唸り声も聞こえました。

私の気力は間違いなくテレビカメラを通して、お茶の間にいる視聴者の皆さんに伝わったのだと思います。放送中から増え始めた注文の電話が、終了後に一気に押し寄せてきたんです。残念ながら5倍という目標には届きませんでしたけれど、普段の4倍の数字が達成できました。奇跡的なことでした。さて、皆さん、このときの商品は何だったと思いますか？　洗濯機だったんですよ。普通は簡単には買っていただけない商品でした。

気力は大切だ、気力こそが売れ行きを変えるのだ、と改めて強く思いました。商品の紹介にどれくらい情熱を込められるか。気合いを入れられるか。本気で挑めるか。それが本当に大切です。ですから、今でも若いＭＣには口を酸っぱくして言います。「本当に売りたいと思ってるの？」「伝えたいと、本気で思っているの？」って、です。

想いの強さ――伝わる原動力

話が上手だったら、もっと自分の気持ちを伝えられるのに、と思われることはありませんか？　人から誤解されるのは口下手だからだと思い込んでいませんか？　もちろん上手いに越したことはないかもしれません。でも、上手い下手ではないですよ。私なんかあまりに熱くなり過ぎて、セリフを噛んでしまったことなんか何度もありました。でも大丈夫でしたよ。そんなことは売れ行きに関係ありません。商品の良ささえしっかり伝えることができれば、売上は確実に上がります。

反対に、今日はやけに上手にできたなと思っても、注文の電話がさっぱりこないこともありました。伝える側の自己満足に終わってしまったとき、そういうことが起こるんです。

想いが伝わったかどうかはすべて数字に現れます。怖いでしょう。実際、怖いですよ。どんなに上手くできたと思っても、数字が上がらなければそれは伝わらなかったということです。私はそう思ってやってきました。

テレビショッピングでは、生放送中にもレスポンスがわかる仕組みを作っています。出演者から見て右上の方に吊るしてある小さなモニターに、問い合わせの数や注文の数がリアルタイムでグラフで表示されるようになっているんです。

ですから、数字の推移を見ながら、しゃべり方を変えたりすることもありました。すると、グラフに動きが出たりします。本当にちょっとしたことで、視聴者の皆さんの反応は変わっていきます。怖いでしょう。でも、それが生放送の醍醐味でもありました。

長い間テレビショッピングの番組を続けてきましたが、いつのころからか90%以上の確率で、お客さまからどのくらいの注文が入るか、放送中にわかるようになりました。そして、その数字を左右するのは、気力が伝わったかどうかだと気づきました。

テレビショッピングを離れて、パッション、つまり想いの強さが大切だという話で、私は愛の告白をよく例にあげるんです。だれでも興味があるからわかりやすいでしょう。私自身は恋愛には晩生《おくて》でしたけど、だれだって好きな人ができて、どうにかなりたいと強く思えば、一生懸命に、自分の気持ちを伝えようとしますよね。このときに必要なのは、なんでしょう？　話のテクニックでしょうか？　上手な雰囲気作りでしょうか？　昨今はやりのサプライズですか？

そういうことも、ないよりはあった方がよいかもしれません。が、一番大切なのは、そんなことじゃありませんよね。大切なのは「好きだ」という想いであり、その想いの強さだと思いませんか。愛を告白するのに、多少言葉が詰まったとしても、言葉を間違ったとしても、強く熱い想いは相手に届くものです。「なんだか一生懸命だな、この人は」と相手も受け止めてくれます。話のテクニックなんて関係ないですよ。皆さんも経験あるでしょう。人に大切なことを伝えるときに重要なのは、テクニックではなく想いの強さですよね。

自分は口下手だと思っていると先にお話ししましたが、私はそれでいいと思っています。私の仕事は、アナウンサーのようによどみなくしゃべることではありません。自分の想いをお客さまに伝えることです。テンションが高くなったり、言葉に詰まってしまったりするのは、仕方がないことだと割り切っています。たとえうまく話せなかったとしても言いたいことが伝わればいいと思うのです。

私は社員によく「日ごろから、自分の想いは自分の言葉でちゃんと人に伝えなさい」と言っています。それができていないと、いざお客さまに対したときに、できるはずがないからです。重要な局面で、自分の考えや気持ちを相手にしっかりと間違いなく伝えるには、普段から自分の想いを表現することに慣れておくことが大切なんです。上手に言えなくてもいいから、自分の想いを自分の言葉で素直に話すことの方が、その人の想いはよほど正確に伝わると私は思います。

わかりやすく伝える

ミッションとパッションについてお話ししましたが、伝わるコミュニケーションのためには、スキル（技量）やテクニック（技術）も、もちろん必要です。これはとても大切なことです。テレビショッピングでは、例えば間の取り方ひとつ、商品の陳列の仕方ひとつで、売上が大きく変わります。つまり、それによって伝わり方が違ってくるんです。ですから、どうすればより商品の魅力をお伝えすることができるか試行錯誤し、スタッフと議論しながら真剣に考えてきた26年間でした。

私が考える伝わるコミュニケーションのスキルについて、具体的な体験をご紹介しながらご説明していきたいと思います。

私が何よりも心掛けてきたのは、**上手くではなく、わかりやすく伝える**ことです。ここは大変重要なところです。技術と言うと、上手い下手が問題になるような気がするかもしれませんが、上手い下手はそれほど関係ないと思います。大切なのはわかりやすいことですよ。わかりやすく伝えなければ、折角の想いは伝わりません。

「次のカンファレンスまでにベンダーの皆さまに電子メールでアジェンダをアタッチしておきます。懸案事項については、最適なソリューションを得るべくデシジョンはペンディングしてありますので、次回のカンファレンスにてコンセンサスが得られるようにしたいと思います」――。

皆さん、何のことだか正確にわかりましたか？　テレビを見ていても、ときどきカタカナ言葉ばかりで何を言っているかさっぱりわからないことがありますよね。そういうのを見ていると、自分の考えを多くの人に伝えたいと考えているとはとても思えません。

私はラジオ・テレビショッピングでは難しい専門用語は使わないで、できるだけやさしい言葉で話すようにしていました。例えば「カメラのピントを合わせて」と普通に言ってしまいますよね。でも、私は言わないんです。代わりに「距離を合わせる」と言います。ズームという単語も使わずに「遠くのものも近づかなくても大きく撮影できる」と説明していました。コンパクトカメラとも言いませんでした。名刺くらいのサイズのカメラと言いました。そのほうが、大きさがイメージしやすいでしょう。

専門用語は便利ですよね。複雑なことでも一言で言い表すことができます。つい、使いたくなります。でも、その言葉の意味を知らない人にはなんのことだかわかりません。ですから、だれにでもわかる言葉で伝えることが大切です。

ジャパネットたかたが扱っている商品のほとんどは、全国どこでも買える製品です。ジャパネットでないと買えない、というオリジナル商品もありますが、基本的には量販店などで買える商品ばかりです。

量販店でも買える商品がなぜジャパネットで売れるのか。そんな質問を何度も受けました。中には、量販店ではさっぱり売れなかった製品がジャパネットでヒットしたこともあります。なぜでしょう。私は、自然体でわかりやすく伝える、ということを何より大切にしてきたからだと思います。

もちろん、上手く話せるに越したことはありません。そのためには練習も必要です。アップル社のスティーブ・ジョブズさんは、その卓越したプレゼンテーションで「世界最高の表現者」と言われたそうですが、「彼ほどプレゼンを勉強し、練習した人はいない」と本で読んだことがあります。

プレゼンテーションのプロを招き、ストーリーを作って何百回も練習し、動きを整えていったと、その本には紹介されていました。本番で商品の電源が入らないというトラブルがあったときも、それまでに何度も練習をしていたので、彼はまったく慌てず余裕で別の話で間をつないだそうです。

私も、若いMCにはとにかく練習しなさいとアドバイスしています。私は忙しすぎて練習する時間もありませんでしたから、本番で場数を踏んでいろんなことを学んできましたけれど、練習する余裕があるなら何十回でも練習して上手くなればいいと思います。練習して自信がつけば緊張することも少なくなるでしょう。

面白く伝える

わかりやすく伝えることと同じくらい大切に心掛けてきたことがあります。それは「面白く」伝えることです。

自分がこどもだったころや学生時代を思い出してみてください。話が面白い先生の授業は楽しかったでしょう。そして、楽しいと自然にその科目に興味を持ちませんでしたか。私はそうでした。コミュニケーションにも面白さは大切だと思います。面白いというのはユーモアだけではありません。身を乗り出すほど関心を持っていただくこと、驚きや発見、感動も「面白い」に含まれ、同じように大切だと思います。

いくら上手くしゃべれても、テレビを見た人が、「ああ、これはモノを売ろうとしているんだな」と感じてしまうと、それだけで敬遠されてしまいます。大切なのは、テレビを見ている人に番組自体が「楽しい」「面白い」と感じていただけることだと思います。

では、どうすれば「楽しい」と感じていただけるのか。私はそれをものすごく考えてきました。いろいろ試してもきました。試してみたことが正解だったのか、失敗だったのかは、数字が教えてくれますから、見極めるのは簡単です。そして、数字が教えてくれたのは、商品を紹介する中で「その商品をどんなふうに使えば、生活がどのように楽しくなるのか、豊かになるのか」「この商品によって生活はどう変わるか」といったことが具体的に表現できたとき、番組は「楽しい」「面白い」と感じていただける、ということでした。

今は、モノをモノとして売ろうとしてもなかなか売れません。日本人のほとんどが貧しくて欲しいものがたくさんあった時代と違い、大半の人々がだいたいなんでも持っているのが今の時代です。

しかし、そのモノが、その人の人生をどう変えていくか、それが伝わればモノは単なるモノでなくなります。自分の生活を豊かにしてくれる「大切なもの」「欲しいもの」に変わります。私は、ジャパネットたかたの仕事はモノを売ることではなく、人々の生活を豊かにするきっかけを提供することだと思ってきました。

ですから、例えば、一眼レフカメラを紹介するときにはこんな話をします。

「お子さんが生まれたら、毎年1枚いいカメラを使って写真を撮って、それを新聞の大きさに伸ばしてください。すると成人の日までに20枚の大きな写真が揃いますよ。それをお子さんにプレゼントするんです。最高の贈り物になると思いませんか？　それができるのが、いいカメラなんです。皆さん、スマートフォンで撮りますね。でも、だれもプリントしない。それでは感動は生み出せませんよ」

モノをモノとして売ってもあまり売れません。「このカメラは画素数がこんなにすごいですよ」と言っても売れないんです。ほとんどの人は画素数の話などよくわからないからです。私はいいカメラで撮った写真の美しさ、写真を撮ることの素晴らしさをわかりやすくお伝えしてきたと思います。それが伝われば画素数の説明をしなくてもカメラは売れたんです。

「普段の生活でこんなことはありませんか。立った姿勢で靴下をはくのがきつくなった。買い物カゴを持つのが辛くなった。布団の上げ下ろしがしんどい。だったら足腰を鍛えましょうよ。街中を見てください。ウォーキングしている人が多いでしょう」

これは先ほどもお話ししたシニア向けのウォーキングシューズを紹介したときの導入です。紹介したのは機能性に優れたシューズです。ソールにも特殊技術が使われていました。でもそうした機能の説明は後回しです。シューズそのものの話ではなく、生活の中での役割や使い方の話をするだけで、シューズの価値は驚くほど変わります。反対に、メーカー名やシューズの機能を説明しても、関心を持ってはいただけません。あまり面白くないからだと思います。

ジャパネットたかたで初めての挑戦となった、国内メーカーの高級電波時計がありました。後に詳しく紹介しますが、チャレンジデーというイベントの目玉商品でした。特別な値引きをしても5万円以上する高級時計です。どんなふうに紹介していくか、社内でも議論になりました。

優れた性能と機能を持っている時計です。電波時計でいつでも時間がぴったり合うだけではありません。ダブルフライトと言って、世界の2カ国、例えばフランスと日本の両方の時間を一度に表示できる機能もついていました。

高級時計だから、やはり性能と機能から紹介したい、と担当のスタッフが提案しました。しかし、私は反対しました。女性が高級ブランドのバッグを買うとき、機能の説明を最初に聞きますか？　お客さまは最初に何を見ますか？　デザインではありませんか？　高級な商品とはそういうことじゃないですか？　と言ったんです。

実際、この時計は素晴らしいデザインでした。高級時計にふさわしい美しさでした。だから私は、デザインから見せようと提案しました。奥行き感、深さ、輝き、それをもたらしているサファイアガラス。これがどのようにしてメイドインジャパンで生み出されたか……。電波時計であることや、ダブルフライトなどの機能の説明は最後に持っていきました。

結果は大成功でした。予想を上回る注文がやってきて、あやうく品切れになってしまうほどでした。

つまりですね、何が言いたいのかと言えば、モノが売れないのを時代のせいにしないということと、ハード（商品）の価値は、ソフト（使い方）を提案することで、どんどん上がっていくっていうことです。だから、モノを売る私たちは、その商品が、どんな人が、どんな生活シーンで使うことでより輝くのか、より需要が掘り起こせるのかということを、常に想像し考えてきました。ネットで値段だけを比較して、商品を選ぶ方もおられると思います。それはそれで仕方ありません。が、値段だけでは新しい需要は掘り起こせません。商品を飽くことなく研究し想像を巡らせる。それができたとき、面白く伝えることができました。

何を伝えたいのか

伝え方には技術があります。それを学び技量を高めることはとても大切です。が、長く伝える仕事をしてきて私が痛感しているのは、技術や技量以上に「何を伝えたいのか」ということをはっきり意識することが大切だということです。

「何を伝えたいのか」という根幹がぼんやりしていては、技術や技量があっても猫に小判ですよ。「伝えたい」という情熱があって、伝える技術と能力があっても、肝心の伝える内容がはっきりしていないのでは、伝えようにもどうすることもできません。

商品にはさまざまな側面があります。言い換えると、一つの商品でも視点を変えることでさまざまな魅力を引き出すことができるんです。

値段を追求するならば安さが魅力でしょうし、おしゃれに敏感な人にはデザインがポイントになります。性能が魅力になることもあれば、持ち運びを考えると軽さが最大の長所になることもありますよね。使いやすさ、デザイン、環境への配慮、健康……、視点を変えることで、一つの商品は実にさまざまな表情を見せてくれます。

だからこそ、そのうちの「何を伝えたいか」を明確にすることが大切です。ここもいい、あそこもいい、こっちも、そっちもでは、いったい何がいいのか、何を伝えたいのか、さっぱりわからず、結果、何も伝わらないということになりかねません。

ですから**「何を伝えたいのか」を明確に意識する**ことが、とても大切です。

ジャパネットたかたのテレビショッピングの特色は、単に商品の性能や使い方を説明するだけではなく、なぜその商品をお勧めするのか、その背景を丁寧に説明しているところです。その説明と商品の良さが一体となって伝わったとき、コールセンターの電話は鳴り止まなくなります。

例えば、布団除菌クリーナー「レイコップ」というヒット商品があります。布団に高速回転するたたきブラシで振動を加えながら強力な紫外線を照射して、アレルギーの原因となるダニを弱らせ、振動で叩きだして吸い取るという商品です。韓国メーカー製で、日本での累計販売台数は優に400万台を超え、そのうち200万台をジャパネットたかたが販売しました（2016年8月末現在）。

なぜこの商品を選んで皆さんにお勧めしたかったか。それには明確な理由があります。

私がこどものころには、PM2・5や花粉などが社会問題になってはいませんでした。

布団は天気のいい日に外に干してパンパン叩いていたんです。ところが、大気汚染がひどくなり地球環境が変わってしまったために、いつのまにか昔のように屋外で布団を干すことが難しくなりつつあります。

健康で快適に生きていくためには、睡眠はとても大切です。それをサポートする布団のケアが大切なのは言うまでもありません。布団がジメジメしていたり、ダニに噛まれたりしたのでは安眠できません。でも、花粉や花粉より小さなＰＭ２・５が怖くて、外に布団が干せない。その悩みを解消してくれるのが布団除菌クリーナーです。

この商品には生活に果たす役割がきちんとあると思いました。ですから、これはぜひ皆さんに提案したい、紹介したい、と強く思いました。伝えたいことは、もちろん「これを使えば、日々の安眠を助け、生活の悩みを解消してくれる」ということです。その説明がお客さまに伝わったからこそ、レイコップは大ヒットしたのだと思います。

伝えたいことを絞る――最初の１分間が勝負

わかりやすく伝える、結果、お客さまに伝えたいことが「伝わる」ためには、どんなことが大切か、テクニックも含め、少し具体的に考えてみたいと思います。

一つ目は**「伝えたいことを絞る」**です。

例えば、5分間で一つの商品を紹介するときのことを考えてみましょう。このとき、5分で伝えればいいと考えたらうまくい[illegible]。こちらは5分と思っていても、視聴者が最後まで見てくださるとは限りません。つまらなければすぐにチャンネルを変えられてしまいます。ですから、私はいつも最後まで見てもらえない可能性もあるという前提で、紹介の仕方を考えてきました。

そこで重要なのが導入です。**最初の1分間こそが勝負です**。これはテレビショッピングに限ったことではないと思います。プレゼンテーションの場合でも同じではないですか。ですから、勝負の1分間で何を伝えるのか、伝えるべきポイントをしっかり絞っておくことが大切です。一度に、あれもこれもと4つも5つも魅力を言われても記憶には残りません。5つ言っても言い終わったときには、聞いた方は最初の3つは忘れていますよ。

若い世代に人気のあったタブレットを、シニア層に提案したことがあります。こんなに便利なものなのだから、シニア層にこそ使ってほしいと思ったからです。ですが、シニア層の皆さんには使いこなすのは難しいと思い込んでいる人が多いようでした。そこで、私は最初の1分間をこんなふうに使いました。

「皆さん、いいですか。これ、音声だけで簡単にインターネットができるんです。ご年配の方も簡単にできるんですよ。しかも100円！　でも、まだ電話しないでくださいね。これから詳しい話を始めましょう」

最初のワンフレーズで視聴者の、全部じゃありませんよ、シニア層の視聴者の心をつかむ。そのことだけを考えました。シニア世代の多くはインターネットに興味はあるんです。でも、難しいと考えている。それで、音声だけで簡単にインターネットができるという説明から入ったんです。そして、タブレットの本体価格は100円（あるいはゼロ円）という料金も、最初に伝えてしまいました。もちろん、プロバイダーとの契約が必要ということは、ご納得いただけるまで説明しますが、それは後です。最初に関心がぐっと前のめりにならないと、見続けていただけないからです。

導入ではいろいろな工夫をしてきました。クールタオル、ご存知ですよね。水に濡らして首に巻くだけで、涼しさが1時間続くタオルです。

あるとき、前回に比べて視聴率が2倍になったことがありました。番組のオープニングで視聴者を惹きつけることができたからだと思います。

暑い夏の日でした。日本中が猛暑に襲われていました。番組が始まる前に、ハッと思いついて、スタジオを飛び出しました。外でオープニングトークを始めることにしたんです。温度計を手に持って、温度を指差しました。

「今、長崎の気温はこんなことになっています。皆さんがお住まいの地域は何度でしょう。家の中にいても、暑いですよね」

これだけだったら、ただのオープニングですよね。でも、私はすぐに続けました。

「私は涼しいですよ。クールタオルを巻いていますから」

そう言いながら、クールタオルを鉢巻みたいにして頭に巻いて見せました。

エアコンが効いていて涼しいスタジオで同じことをしても、クールタオルの魅力は十分に伝わらなかったと思います。エアコンの効いた部屋の中で使う人はいませんからね。でも、日差しが眩しい、本当に暑いところにいる姿を、ちょっと面白い演出で見ていただいたら、楽しさも伝わったのでしょうか、効果はてきめんでした。外に出るというアイデアと行動のおかげで、この日、視聴率が普段の倍になり、クールタオルの注文が爆発的に増えたんです。

屋外での撮影は、事前に打ち合わせをしていたわけではありません。直前に思いついたんです。いいアイデアというのは、ギリギリになって思い浮かぶことが多いんですよ。スタッフは上を下への大騒ぎです。でも、やったんです。

私がテレビショッピングに出演するときは台本はありません。おおまかな進行表があるだけです。直前に変更したり、途中でも注文の状況を見ながら変えたりしますから、作ってもあまり意味がないんです。MCによっては台本を作るケースもありますけど、台本はお勧めできません。

どんなふうに番組の進行を考えているかと言えば、私の場合は、自分の頭の中で描いてみるんです。こんなふうに話そう、こんなふうに進めよう、というのを、20回でも30回でも繰り返して頭の中で組み立ててみます。そうしながら全体のイメージを作っていくんです。

イメージの土台を作るのは会議です。例えば10人で、その商品をどうやって売り出すか、という会議をします。スタッフのさまざまな意見を聞いて、それを自分の頭の中でまとめていきます。そのときにアイデアがポンポンと出てくるんです。

一人で黙って机に向かって考えてもアイデアは出てきませんよ。みんなでいろいろな角度から話をしているときに、アイデアは出てきます。そして、出てきたアイデアをみんなにぶつけると、また新しいアイデアにつながっていきます。議論しながらアイデアを育てていきます。現場に立って議論を尽くすことは本当に大切ですよ。

伝える相手を意識する

コミュニケーションで何より肝心なことは、「伝えたかどうかではなく、伝わったかどうかだ」というお話をしました。でも、言うは易し、ですよね。どうすれば伝えたつもりで終わらずに、ちゃんと伝えたいことが伝わるのでしょうか。私は、**伝える相手を強く意識する**ことにしています。

テレビカメラの前に立っているときも、ラジオでしゃべるときも、私は、とにかくお客さまを想像しています。お客さまの姿が目に浮かぶくらい想像して、そのお客さまに向かって、語りかけるようにしているんです。そうすれば、自然と言葉の使い方も変わっていきます。

「あ、写真がいったい何枚、撮れるのか、気になりますよね」

いつもよりテンションを下げて、独り言のようにつぶやいてみたりもします。すると、10万人の視聴者の皆さんは、自分が質問されたように思うかもしれません。

「あ、下取り価格ですよね、気になりますよね？　今日はですね、なんと5万円なんです」

こんなふうに語りかけると、お客さまは自分が話しかけられたように感じてくださるかもしれません。実際、私は意識してそうしています。テレビカメラの向こうにいるお客さまを想像して、そのお客さまと会話をしているつもりで、しゃべっているんです。

伝わるコミュニケーションの基本は、自分の気持ちに誠実に、自分の言葉で表現することだと思います。言い換えれば、相手と心でつながる、ということです。そういう意識を持ったことで、相手の心に届く話ができるようになったと思います。

相手と心でつながりたい、心でつながることができるような話をしたいと意識し始めたら、例えばカメラを紹介するときにも、〇〇万画素だからきれいに写りますよとか、このカメラにはこんなにすごい性能があるんですよ、というような、商品の説明をするだけではない、別の言葉が出てくるようになりました。

「お子さんの写真を撮るときには、ご両親も入ってくださいね」

まだ、カメラ店でカメラを売っていたころからずっと、カメラをお勧めするときは、お客さまにこの言葉をお伝えしてきました。すると、多くのお客さまが、そうだよね、と頷いてカメラを買ってくださいました。

お子さんが大人になったとき、どんな写真があれば感動するか考えてみたんです。自分が小さかった姿にももちろん感動することもあると思います。懐かしかったり、感慨深かったり、いろいろでしょう。でも、そこに若いお父さんお母さんの姿も一緒に写っていたらどうでしょう。自分の親もこんなに若かったんだ、きれいだったんだって、驚いたり感動したりすると思いませんか？　私はそう思ったので、一緒に写ることをお勧めすることにしたんです。

お客さまのことを想像すると、そういう言葉が自然と出てくるようになりました。

お客さまを想像して語りかけていると、テレビショッピングの最中にハプニングが起こっても、そんなに怖くはなくなります。そればかりか、けがの功名で、ハプニングがお客さまを惹きつける魅力の一つになったこともありました。

お恥ずかしい話ですけど、生放送中に大失敗をしたことがあります。スーツの胸ポケットに入れていた携帯電話の着信音が鳴り出してしまったんです。困りました。携帯が鳴っていることは、テレビを見ている視聴者の方も気づいているはずです。

私は、咄嗟に電話に出てしまいました。

「もしもし。今、生放送中なんです。終わったら掛け直します」

そう言って、電話を切りました。そして、

「ごめんなさい。携帯の電源を切り忘れていました」

って、お詫びしたんです。

これにはスタッフも驚いていましたが、テレビを見ていたお客さまは、もっと驚かれたと思います。お叱りを受けるのは覚悟しましたが、番組が終わってもクレームのお電話はありませんでした。むしろ、生放送で携帯に出てしまったという話は、「面白い」と噂になって広まってしまったとも聞きました。

この話をすると、妻から怒られるんですよ。そんな恥ずかしい失敗の話をどうしてわざわざ広めるようなことをするかって。本に書いたらまた怒られますね。妻の言うとおりとは思うんですけど、クレームが来なかったのは、私の心と視聴者の方の心がつながっていたからだとも思うんです。ちょっと独りよがりの解釈かもしれませんけど、お客さまを想像して語りかけているように話していたから、視聴者の方もおしゃべりの間にお友達の携帯が鳴ったような感覚で、大目に見てくださったのではないでしょうか。

伝わるコミュニケーションにはスキルやテクニックも大切です。後でお話ししますけれど、話すときには、言葉だけではなくて、目や手振りも重要な役割を果たしていますし、間の取り方も大切です。

けれど、テクニックに走ってしまう危うさもあるんです。伝えることに一生懸命になりすぎて、テクニックのことばかりを気にしていると、相手の気持ちを理解することが疎かになってしまうことがあります。それでは、やっぱり伝わりません。

話している相手の気持ちを理解せず、相手が求めていることとまったく違うことをどんなに語ったとしても、相手の心に響くことはありませんよね。相手が興味もない自分の趣味の話をしても、聞いてもらえないでしょう。相手が知りたいと思っていることは話さないで、その人にとってはどうでもいいようなことをいくら熱弁しても、馬耳東風ですよね。テレビショッピングも同じです。

ですから、伝わるコミュニケーションには伝える相手を意識して、その気持ちを理解することが、とても大切だと思います。

モノを紹介するときには、こちらが思っている商品の良さと、相手にとっての価値とを一致させなければいけないと私は考えています。そこにズレがあったとしたら、相手の立場になって考えて、そのズレを修正していくことで、伝わるコミュニケーションは成立するのだと思います。

若い人にはよく「その商品は**だれに伝えたい**の?」と質《ただ》します。男性なの女性なの?シニアなの若い人なの? 社会人なの家庭の主婦なの? いったいだれにメッセージを送っているの? というような具合です。それさえも思い描かずに、いくら情熱を持って、テクニックを駆使して説明しても、視聴者の心には届きません。その商品の良さをお伝えしたい相手を意識し、その気持ちがわかっていなければ、売れ行きは上がっていかないんです。相手が求めていることがわからず、相手が知りたいことに応えられていないからです。これはテクニックとは異なる次元の話です。

私は、紹介する商品によって頭に思い浮かべるお客さまの姿を絞り込み、絞り込んだお客さまの気持ちを考えてお話しすることにしていました。この商品は若いお母さんに伝えよう。これはお孫さんが可愛くて仕方ないおじいちゃんに向けて話そう。この商品は脂ののったビジネスマンにこそ伝えたいというふうに、話しかける相手の姿を絞り込んで話していたんです。

先ほど、タブレットの話を少ししましたよね。タブレットって言えば、どんな人が使っている光景を思い浮かべますか？　普通は若い人ですよね。パリッとしたスーツを着た若いビジネスパーソンが新幹線の中なんかで使っている姿を想像しませんか？　一般市場ではそのとおりなんです。タブレットを購入するのは、圧倒的に若い人たちです。

ところがですね、ジャパネットではまったく逆の現象が起こっているんですよ。ジャパネットたかたのタブレット購入者の7割以上は60歳以上のシニア世代なんです。もちろん、理由はありますよ。

タブレットは、最初は若いビジネスパーソン向けに紹介していました。が、あるとき、ふと高齢者がこれを持ったら、こんなに楽しいモノはないかもしれないと思いました。インターネットで仲間も増えるし、検索は音声で簡単にできるし、音楽は聴けるし、楽しいじゃありませんか。

年を取って一番必要なことは生き甲斐って言われるでしょう。定年退職したとたんに、抜け殻みたいになっている人がたくさんいるって聞きますよね。そんな方々に、タブレットでいろんなことが簡単にできるんだということをお伝えできたら、売れると思いました。

そこで、先ほどお話ししたようにジャパネットたかたはタブレットをシニア層に提案してみたんです。極端な話、「若い人は買わなくていいですよ」とまで言ってしまったこともありました。そんなふうに言うと、反対に若い人の関心を惹くこともありましたが、やはりシニア世代の注目度が高まりました。

シニア層に提案するというのがどういうことかと言えば、若い人が知りたいタブレットの話と、シニアが知りたいタブレットの話は違うんですよ。タブレットについての知識が、まるで違うからです。若い人なら、タブレットがどんなものでどんな機能があるのかはわかっていますから、知りたいのは新商品の性能ですよね。でもシニア層は違いますよ。タブレットっていう言葉は聞くけど、そもそもタブレットってどんなもので、どんなことができるのか詳しくは知らない人が多いんです。シニア層が知りたいのは、タブレットの性能ではなくて、生活の中で具体的に何ができるのかだと思いました。ですから、テレビショッピングで、シニア層の人たちが知りたい情報をお伝えすることにしたんです。それがシニア層に提案する、ということです。

そこで、先ほどお話しした導入から始めて、

「ほら、タブレットに話しかけるだけで、旅行先でも簡単に検索できますよ」

「行きたい温泉の写真が出てきましたよ、簡単でしょう」

「こうして簡単に地図が見られますよ」

「写真もすぐに撮れますよ」

って、実際に使っているところをお見せしながらお伝えしました。女性向けには、

「季節の旬の料理のレシピがすぐに出せますよ」

「冷蔵庫の中の余った食材からぴったりのレシピが検索できますよ」

って、説明しました。

業界の常識を面白いように覆し、タブレットはシニア層に受け入れていただきました。驚くほど売れたんです。それは、タブレットを使っている具体的な情景を想像していただけるように考えた私たちのメッセージが伝わって、タブレットは自分たちの日々の生

活で使えるものなのだ、生活を便利で豊かにしてくれるものなのだ、と理解していただけたからなのだと思います。

同じ商品でも、何を伝えるかは相手によって変わるものです。これが理解できていないと、的外れな紹介になってしまいます。だからこそ「だれに伝えるのか」を強く意識することが何より大切なのです。

伝えたい相手は何を求めているか、どうすれば、感動してくれるのか、それを一生懸命、相手の立場になって考えることが大切だと思います。そして、人々の考え方は日々変化していきますよ。ニュースが刻々と伝わり世の中もどんどん変わっていきますからね。

相手の立場に立って考えるためには、伝える人は常に勉強していなければいけません。私はそうしてきました。一週間、新聞を読まなかったら、もうほとんど世の中から取り残されてしまうと思っています。ですから、新聞には毎朝、必ずじっくり目を通します。テレビも観ますよ。ヒントがいっぱいあるんですよ。

年末も近づいた土曜日に、タラバとズワイのカニ脚食べ比べセットを販売したことがあります。このときは、前日の日経の夕刊が「カニの価格高騰」を伝えていました。私は「1年に1度、ご家族揃ったときの贅沢はいかがでしょうか」と語りかけてから、ジャパネットが仕入れで頑張っていることもお伝えしました。そして、カメラの前でタラバの太い脚を食べたんですよ。美味しさが伝わったんでしょうね。放送中から注文の電話が殺到しました。

相手の気持ちを理解しようとすると、相手が関心を持つことはなんだろう、相手にとって面白いことは何かないかなと思ってアンテナを張り巡らせるようになります。それがより相手に近づくことのできるコミュニケーションを可能にする、テクニック以上に大切なことだと私は思っています。

「一調二機三声」——世阿弥に共感

私は世阿弥《ぜあみ》の『花鏡《かきょう》』と『風姿花伝《ふうしかでん》』を愛読しています。いつも難しそうな本ばかり読んでいるわけじゃないですよ。世阿弥を読むようになったのは、何年か前に、社員の一人から「社長の生き方がそのまま書かれているように感じました。ぜひ、読んでください」と手渡された本を読んだのがきっかけでした。世阿弥のことはそれまで名前ぐらいしか知りませんでしたが、読んでみてびっくりしました。テレビショッピングをしているうちに私が思うようになったことと同じことが書いてあったんです。それ以来、本が真っ赤になるぐらい線を引きながら、何回も読んでいるんですよ。

世阿弥、ご存知ですよね。日本史で習ったでしょ。観阿弥《かんあみ》・世阿弥の世阿弥ですよ。室町時代に父の観阿弥とともに能を大成した人物として知られています。

『花鏡』の中で、世阿弥は伝え方のポイントを「一調二機三声」という言葉で表現しています。

「一調二機三声」というのは、声を出すまでのステップです。声の張り、高さ、緩急といったものを、心と体の中で整えるのが第一段階。これが一調です。そして、声を出す「間」を取り、いつ出すかタイミングを推し量るのが次の段階の二機です。そして第三段階が声を発する三声。常にこの過程を踏む必要がある、と書き残しているんです。

これを読んだとき、私がやっていることと同じだと思いました。例えば、値段をお伝えするとき、声の高さはどうするか、どんな間をとるか、声を出すにあたって自分で測っています。古典芸術の能と比較するのは僭越《せんえつ》かもしれませんが、まさにそうだったのです。

テレビショッピングでは、その日の役柄、自分のコンディション、相手役の息の吐き方、気合い、そういうものがとても重要です。二人で商品を紹介するときには、相方と間が合わないと、言葉がかぶってしまいます。逆に感覚がいい相手は、私がしゃべった一瞬の間をとらえて、すかさず言葉を入れてきます。すると、言葉のやり取りがうまくいきます。漫才でもそうでしょう。

能の場合は、観客の数、自分が舞う場所、季節、風向き、温度、湿度まであらゆるデータを頭に入れて、最善の環境を作ってから舞い出すのだと世阿弥は書いています。即興的、偶発的ではありません。常に偶然の中の必然を探る作業を連続していくのだと言います。

これもまた、私の仕事と同じです。今はＩＴ（情報技術）があって、生放送中でも今商品がどれくらい動いているか、外の気温はどのくらいなのか、モニターがさまざまなデータを即座に教えてくれますから、そんなことを頭に入れながら商品の紹介をしていくことができます。それを踏まえて、一瞬の「間」を大切にしています。

間の取り方一つ間違うと、売上に大きな影響がでます。そのことを、改めて痛感した出来事がありました。バレーボールの全日本チームの中継の合間のＣＭで、生放送でテレビショッピングを放送したときのことです。時間は90秒。生放送ですから1秒も過ぎることはできません。最後に「お電話、お待ちしております」と言った瞬間に1分29秒になっていなければなりません。

バレーボールの全日本戦は視聴率も高いですし、生放送の緊張感が伝わる効果もあるのでしょうか、本当に反響が大きいんです。それでも、放送の出来不出来は売上に直結します。声の出し方、表情、身振り手振りを含め、秒単位の動きが勝負になります。

「レイコップ」を紹介したときのことでした。本番前に3、4変とリハーサルましていたのですが、よりによって本番でレイコップのスイッチが入っていなかったんですよ。それが原因で3秒ほど時間をロスしてしまいました。心に微妙な変化があったと思います。挽回できず、最後のフリーダイヤルのテロップの時間が短くなってしまいました。間が取れなかったのです。失敗でした。

私は70％の出来だと思いました。数字も2割は落ちたと思いました。スタッフはだれもそのミスに気づいていませんでした。結果は悪くありませんでした。でも、満足のいく紹介ができていたら、もっと伝わって、もっと売れ行きが伸びていたに違いなかったと思います。

間を取る、とは、次の有を生み出す無である、という趣旨のことを語っていた人がいましたが、言い得て妙だと思います。間はそのくらいに重要です。テレビショッピングなら、最も伝えたいことをいつ言うか、いつ値段を出すか。そこでどんな間を取るか、つなぎの言葉を入れるかどうかが重要なポイントです。それがコンマ1秒違っても、一呼吸が足りなくても、売れ行きが変わります。本当に微妙な間がものを言うのです。

「すごいでしょ、これだけのものが入っているんですよ、皆さん、どう思います？」

電子辞書なら、こういう一言が加えられるかどうか。大画面テレビなら、ただ金額を言うのではなく、

「14万9800円を、……、5万円、5万円も引いてですよ、9万9800円。10万円切るんですよ！」

と、間を作りながら言えるかどうか。そこで、伝わり方は大きく変わります。

日常生活でも同じですよ。例えば、親が子を叱ったり、諭したりするとき、言いたいことを矢継ぎ早にわーわー言っても、こどもには怒られていることしか、伝わりませんよ。怒っていることだけが伝わればいいときもあるでしょうけど、ちゃんと理由をわからせたいと思ったら、それじゃだめですよね。いい……？、って、でもね……、って、ゆっくり間を置きながら話せばこどもでも理解することはありますよ。1回でわからなければ、繰り返して言う。伝わるまで言う。そんなものですよね。

伝え方を極めようと思えば思うほど、間とつなぎの言葉を意識するようになりました。能でも、名人が舞うと何かが違うでしょう。それは間だと思います。一調二機三声というのは、その「間」の重要性を説いているのです。

序破急――起承転結の順序は変えてもいい

世阿弥は「序破急」についても語っています。『花鏡』と『風姿花伝』などに触れられている言葉です。序は導入部で、破は、序を受けての展開部、急は、物語を加速して終結に至る結末部のことです。破は作品に変化を与え、急には物語をドラマティックに収束させる役割もあります。

テレビショッピングはもちろんですが、会議での発表などでも、序破急を意識すれば、上手くプレゼンテーションができると思います。

ありがたいことに、最近は講演のご依頼を受けることがあります。が、私は講演のときにスライドや原稿を用意したことはありません。1時間でも2時間でも、いただいた時間、ずっとしゃべっています。

原稿もなしに、どうしてそんなことができるのかと言えば、「序破急」の骨子が頭に入っているからです。それがあれば、2時間でも3時間でも話せます。最初のつかみがあって展開があれば、聴きにきてくださった皆さんを退屈させることなく、お話しすることができます。

「序」は導入ですよ。例えば、先にお話ししたボイスレコーダーをビジネスパーソンや学生にではなく、シニア層に紹介する場合、こんなふうにします。

「ボイスレコーダーは会議に使うのも便利ですけど、高齢化社会では、ちょっと物忘れしそうなときに、自分の声をメモしてもいいですよ」

これが序です。

この提案で、一般にはあまり売れていなかったボイスレコーダーがジャパネットでは大ヒットしたんですよ。シニア世代という新しい市場が開拓できたんです。

そして、「破」の部分、展開を考えます。展開は何回に分けるか、最初はこれを説明して、次にこう、そして3回目はこういうことを補足しよう。そんなふうに考えていきます。

「軽いでしょう。こんなに軽ければ、どこにでも持っていけますよ」

「使い方を説明しましょう。簡単ですよ。3つあるボタンの、ここを押すだけですぐ声が録音できますよ。聞くときは左を押してくださいね」

使い方の説明をするときは、聴いている人が頭の中で整理できるようにしないと、わかりやすく伝わりません。説明する方にそれが整理できていないと、機能の説明と提案をごちゃごちゃにしてしまったりするんです。それじゃ、聴いている人の頭の中にすんなりと入っていきません。

テレビショッピングの場合、「急」、つまり結論は価格です。価格はほとんどの場合、最後にお伝えします。サプライズは最後にとっておいた方がいいでしょう。そう考えているんです。

でも、たまには結論を最初に言うときもありますよ。タブレットをシニア層に提案したときの導入のところを、先ほど話しましたよね。「皆さん、いいですか。これ、音声だけで簡単にインターネットができるんです。ご年配の方も簡単にできるんですよ。しかも100円!」って。これなんか、よい例です。端末価格100円には、プロバイダー契約などが条件になっていますから、販売価格が100円とは言えませんけど、100円は驚きですから、導入に使ったんです。

序破急は起承転結と言っても同じですね。順番は変えてもいいんですよ。結論を最初に言ってもいいし、極端な話、言葉は変ですけど、転結起承、でもいいんです。まずは序破急や起承転結の構造をしっかり理解して、その構成や役割が理解できたら、序を後回しにして、破からいっても上手く伝わる方法があるんですよ。わかりにくいですか?

最初に言うから序、それを展開するから破なのに、破を先に言ったら、それは序になるのでは、って思いましたか。理屈はそのとおりです。でも、私が言いたいのはそんなことじゃないんです。普通だったら導入で言うようなことを後回しにしたり、普段だったら導入を受けて話すようなこと、つまり破を先に話しても上手く伝わる場合がある、ということです。そうやった方がいい場合すらあります。

それは経験を積んでいかないとわかりません。でも、経験を積んでいけばだれにでもわかるようになります。テレビショッピングだけのことを言っているのではありません。それはコミュニケーション全般に言えることと思います。こんな場合は、結論から言った方がいいな、相手の性格を考えたら、説明を尽くしてから結論を言った方がいいなって、状況や相手によって、話す順番にも正解があるのだと思います。

目で伝える。身体で伝える

「目は口ほどにものを言う」って言いますよね。目がしゃべる、手がしゃべる、指がしゃべる。これも、テレビショッピングを通して、私が学んできたことです。心理学では、手や指の動きにも心の変化が現れ、受け手は無意識のうちに相手の手や指の動きから心の変化を読み取っている、と言われているそうです。

テレビショッピングで商品を紹介するとき、私は口で話すだけではなく、手や指でも「話す」ように心掛けています。テレビは映像の世界ですから、身体の動きを見せることができますよね。だから、目で伝える、顔の表情で伝える、指で伝える……、ということに気を配っているんです。ちょっとした身体の動きがあるかどうか、身体をどんなふうに使ったかで、見ているお客さまが受ける印象はまるで違ってきます。

パスポートサイズのビデオカメラが発売されたときに驚いたお話をしましたけれど、最近のビデオカメラはもっと小さいですよ。びっくりしますよね。

そんな小さなビデオカメラを紹介するときは、「このカメラ、小さいんですよ」と語りかけるだけでは伝わりません。テーブルの上にビデオカメラを置くのもダメです。それでは、対比するものがありません。私は小ささをアピールするときには、必ず手に持つことにしています。名刺を出して並べてみたりもします。そうすれば、カメラのサイズを一日で伝えることができるからです。

手に持って見せるだけではなく、もう一方の手の指でカメラを指さす動作も加えることにしています。すると、お客さまの視線は自然とカメラに向かいます。指さすという動作を加えるだけで、カメラが小さいことをより強くアピールできるんです。

ちょっとした手や指の動きでも「話す」ことはできます。だから、メッセージは全身で伝えていくことが大切だと思います。どうしたらお客さまに想いが伝わるのか。それを考えれば、手や指の動き一つでも、手を抜くことはできません。

メッセージは全身で伝えることが大切なのです。カラオケマイクでも、私が一曲歌ったときと、そうでないときでは、売れ行きはまるで違いました。

「メラビアンの法則」をご存知ですか。アメリカの心理学者、アルバート・メラビアンという人が行った研究実験から導き出した法則です。メッセージが送り手から受け手に伝達されるとき、言葉（言語）によって伝わるのは7％、残りは声のトーンや口調、ボディランゲージによって伝わるとされています。

例えば、メッセージの送り手が「私はあなたが大嫌いだ」と言葉で言っていても、ニコニコ笑いながら明るい声で話せば、受け手はそのメッセージを「私のことが好きだ」と受け取る可能性が大きいということです。

日本にも、非言語の情報伝達に注目してパフォーマンス学を生み出された佐藤綾子先生がおられます。日本大学の藝術学部の教授をなさっていますが、著書が150冊以上もあるんですよ。私も愛読しています。皆さんも、一度読んでみたらいかがですか。

2人のMCが同じ商品を同じセリフで紹介したとしても、印象がまるで違ってくることがあります。それは言葉以外の部分の表現が違うからです。お客さまは言葉だけを聞いているのではありませんよね。目、表情、身体の動きなど、送り手から発せられるすべての情報を受けとっています。だから、言葉以外の表現も非常に重要です。

だったら、表情や身振り手振りも、上手な人のやり方を真似すればいいと思いますよね。でも、それでは上手くいかないところに、難しさがあります。

若いMCが、私の真似をして同じような高いテンションで身振り手振りを交えて紹介をしたらどうでしょう。わざとらしい演技に見えると思われませんか？　演技していると受け止められたら、そのMCは信頼されませんし、延《ひ》いては、テレビショッピング自体が胡散臭《うさんくさ》く思われてしまいます。非言語のコミュニケーションの技術は、それぞれが、自分に合った自然な方法を身につけなければ成り立たないのです。

だれにでも言えることですが、多くの人に情報を伝達する仕事をする人は、先に人間性を磨かないといけないと思います。それは、非言語の表現に人間性が現れてしまうからです。いくら言葉ではよいことを言っていても、その人が嘘つきなら、その人間性は言葉とは違う身体から発せられるメッセージに現れてしまい、信用されません。人間性の良さ、人間力が伝わらなければ、信頼感は生まれないのだと思います。

それは、すべてのビジネスパーソンが肝に銘じるべきことだと思います。お客さまは、極めて冷静に相手を見ています。相手の顔や声、語りや身振り手振りなど、そのすべてを総合的に受け止めて、信頼がおける人物かどうかを判断していますよ。欺くことはできません。ですから、いつも素直な心でビジネスに向き合わないといけないと思います。

卓越した非言語コミュニケーションを身につけるためには、例えば、偉人と言われる人たちの名演説などを研究してみるといいと思います。「I have a dream」で始まる有名なキング牧師の演説はご存知でしょう。言葉と表情、身体の動きなどのマッチングが絶妙です。だから、人の心を打つ演説ができたのだと思います。真似をしろ、というのではありません。先ほどもお話ししたとおり、真似では不自然になってしまうからです。名演説を参考に、自分自身に合った、自分らしい表現を研究されたらよいと思うのです。

私がお勧めするのは、普段から言葉以外で喜怒哀楽をきちんと表現することです。夫婦でも、親子でも、表情豊かにコミュニケーションすることを心掛ける。それだけで家族の関係は円滑で豊かなものへと変わると思うのです。

最近は、IT（情報技術）が進化して、声に出して何かを伝える機会が少なくなっていますよね。私はそれがちょっと心配なんです。言葉だけでなく、目の動きや表情、手振りで想いを伝える、伝えられる機会がどんどん減っています。これでは、自分なりの表現力が乏しくなってしまいます。非言語コミュニケーションのスキルを訓練し身につける機会が少なくなっているんです。ですから、若い人にはアナログに触れる機会を増やすよう心掛けてほしいと思います。

ＳＮＳではなく、相手と直接会って言葉を交わす。恋人を見つめて想いを伝える。友達に、一緒にいると楽しいということを存分に表情に出してみる。お母さんがこどもをギュッと抱きしめて愛情を伝える……。意識して、そういうことをするのがいいと思います。無表情なこどもが増えていると言われていますが、それは大人も同じです。声を出すこと。言葉以外のコミュニケーションを意識すること。それは大切なことですよ。声を出さないと、表情も乏しくなるし、表現力も弱くなります。ＩＴの時代だからこそ、気をつけたいことだと思うのです。

見せ方を工夫する

伝える方法は言葉だけではない、という意味では、伝えたい商品をどのように見せていくかも、伝わり方を大きく左右します。想いを伝えるためなら、あらゆる可能性を探って、いろいろな取り組みをします。

ジャパネットたかたは毎日のようにテレビショッピングの番組を放送していますが、同じ商品をいつまでも同じ方法でご紹介していても、お客さまの心を動かし続けることはできません。

紹介する方法を毎回すべて変えるわけではありませんけど、話すときの表現を少し変えたり、ここはもうちょっと詳しく、と思ったところに説明を付け加えたり、ということはよくあります。お客さまの興味はどんどん変わっていきますから、伝え方を変えていく取り組みは、常に心掛けてきました。

多くの人にお伝えしたいと惚れ込んでしまったビデオカメラがありました。どんなふうに紹介すれば、視聴者の皆さんにそのビデオカメラを強く印象づけることができるだろう。ああでもない、こうでもないって考えましたよ。そして、いろいろな試行錯誤をした末に、一つのアイデアが思い浮かびました。

社員に頼んだんですよ。

「このビデオカメラで、自分のこどもたちを撮ってきてくれんね」

って、ですよ。

社員たちは素晴らしい映像を撮ってきてくれました。何か特別なテクニックを使ったわけではありませんよ。もともと我が子は可愛いものでしょう。自然に愛情溢れる映像が撮れるんですよ。女の子が外を駆け回っているだけの映像でも、愛する我が子を親が撮っている映像は何かが違いますよ。こどもも安心して撮られていますよね。だから、とてもいい表情が撮れるんです。

社員たちが撮ったビデオの映像を、テレビショッピングで使いました。その反響には驚きました。普段のテレビショッピングの2倍以上の売上になったんです。親が我が子を想う愛情に溢れた映像を見て、視聴者の皆さんが「こんなシーンをうちでも撮ってみたい」と思ってくださったのだと思います。

表現方法をちょっと変えただけで、お客さまの反応が大きく変わったこともあります。電子辞書を販売したときのことです。

テレビショッピングで電子辞書を紹介するときには、電子辞書に収録されている「国語辞典」や「英和辞典」などの実物をずらりと並べています。お客さまに、こんな小さな電子辞書に、こんなにたくさんの辞書の内容が入っているのかと実感してもらえると考えて始めたんです。大成功でした。ものすごい反響がありました。辞書を並べる前より売れ行きは大きく伸びました。

でも、いつまでも同じことは続けられませんよ。新鮮味がなくなりますからね。ですから、電子辞書の進化とともに、見せ方も工夫して進化させていきました。

電子辞書に入っている辞書が10冊分ほどだったときには、現物の辞書を机の上に立てて並べていました。電子辞書の機能がアップして、収録数が50冊を超えたときには、平積みして積み上げました。収録数の多さを表現できると思ったからです。するとそのとき、積み上げた辞書が雪崩のように台から崩れ落ちてしまいました。思わぬアクシデントでしたが、これには大きなインパクトがあったようで、いつもの倍以上に数字が跳ね上がりました。

手のひらサイズのカーナビも、見せ方を変えて大きく売上を伸ばした商品です。紹介し始めたころは、テーブルの上に商品を置いて説明していたのですが、あるとき生放送開始10秒前にひらめいて、カーナビをスーツのポケットにさっと入れたんです。番組がスタートすると、私はカーナビをポケットから取り出しました。ポケットに入る、ということを印象づけられたことで、コンパクトで持ち歩きができる点が強くアピールできたんです。売れ行きは、……、一気に倍になりました。

伝えるための取り組みは、いくらでもありますよ。どこまで真剣にお客さまに伝えたい、という気持ちを持って挑めるか。突き詰められるか。その想いが強ければ、アイデアは浮かんでくるものです。本当ですよ。

新しい提案をしてみる。ターゲットを変えてみる

見せ方の工夫の他に、思い切って商品そのものを使った新しい提案をしてみる、とい

うことも、ジャパネットたかたでは意識してきました。同じ商品が、新しい提案によって、まったく違う形でお客さまに発見されたり、その価値を改めて認識していただけたりする。そういうことは、よく起こります。

商品をモノとして紹介するのではなく、日々の暮らしを豊かにしたいと思っている人たちに、その願いをかなえる商品の使い方を紹介する、その商品から得られる快適さや楽しさを、わかりやすく伝える。これがジャパネットたかたが心掛けてきたことです。商品の勉強もしますし、演出方法も工夫します。そしてその延長線上にあったのが、新しい生活シーンを提案する、という考え方でした。実際、新しい生活シーンを提案すると、お客さまの反応は変わりました。同じ商品でも新しい伝わり方をしたんです。

近年の新しい提案と言えば、若者向けの商品だと思われていたものを、シニア層に伝えていく、というものがあります。すでに紹介した、タブレットをシニアに提案したのはその好例です。ビジネス向けと思われていたボイスレコーダーを家庭でのコミュニケーションツールとして紹介したのも同じです。

ジャパネットたかたでは、スマートフォンもシニア層の人気の商品になっています。音声認識で簡単に使えるのが、今のスマホです。それでも使い方が難しい、というイメージがありますから、ジャパネットたかたでは120分間、実際にご自宅に伺って使い方のレクチャーをするというサービスを取り入れました。それが好評で、シニアにスマホが受け入れられたんです。

思い込みや勝手な常識で、こういうものは売れない、と決めつけてしまって、ビジネスチャンスを見逃していることはたくさんあると思います。

例えば、若い世代に人気と言われている電動歯ブラシもそうです。最近では、女性はオフィスの洗面所で1日に何度も歯磨きをしているそうです。化粧ポーチに忍ばせて携帯できて、デザインもお洒落なパナソニックの「ポケットドルツ」が大ヒットしていました。

メーカーに聞くと、やはりメインターゲットは若い人だということでした。が、私は違うと思いました。これはシニアに必ず売れる、と直感しました。

「80歳で20本以上、自分の歯を維持することを目標にしましょう。咀嚼するって大事。歯は命ですよ」

こう提案したんです。「８０２０運動」です。これが予想を上回る大ヒットになりました。しかも、購入者は圧倒的に60代以上のシニア層です。店頭売りとまったく違う結果が出ています。

タブレットや電動歯ブラシでは、まさに市場を創造することができました。発想の転換がそれを導いたのです。業界の常識は、消費者のそれとは一致しないことがままあります。業界の常識を鵜呑みにせず、あらゆる可能性を探ってみる。その先に、市場を創造する発想が生まれるのだと思います。

成功体験にとらわれない

テレビショッピングで寝具を紹介したことがあります。同じ寝具を6回紹介しましたが、注文を伸ばし続け、6回目が一番多くの注文をいただきました。これは、通販の世界ではなかなか難しいことです。どんな商品でも何度も紹介していれば、反響は次第に減っていくものだからです。なぜ尻上がりに成果を上げることができたのか。私なりに分析すると、紹介の仕方を毎回少しずつ修正したからだと思います。たとえ上手くいっても、「何かまだ足りない部分があるはずだ。どうしたらいいのか」ととことん考え、改良し続けました。

人は失敗すると反省し、今のままでよいかどうか考えますよね。反対に、成功すると、どうしても同じやり方を続けたくなるものです。でも、それでは成長や発展はないと思うのです。

世阿弥は「ただ花は見る人の心に珍しきが花なり」（『風姿花伝・花鏡』タチバナ教養文庫）と書いています。観客の心に新鮮な印象を与えるものだけが、すなわち花だ、というような意味です。

世阿弥は舞台に必要なのは花だと考えていました。花は新鮮さと驚きが全てであり、一度演じて好評だったからといって、そのやり方を繰り返していると、魅力は消え失せてしまうと説いたわけです。世阿弥は今でいうイノベーターで、演技や物語の形式、内容などあらゆる面で変革を起こし続けてその地位を確立しました。同じ場所に留まらず自己更新を続けたんです。変化はリスクを伴いますが、世阿弥が自己更新を続けたのは、同じことを繰り返していたのでは人気は長く続かないことを知っていたからだと思います。

ビジネスもまったく同じだと思います。同じことばかりやっていては飽きられてしまうとわかっていても、一度上手くいくと、どうしてもそこから抜け出せないのが人の習性です。成功体験に魔物が潜んでいることがあるんですよ。それには特に気をつけなければいけません。私は意識的に、そうならないように気を付けてきました。数字が落ちたら、飽きられた証拠と自分に言い聞かせ、紹介の仕方を考え直し続けてきました。

テレビショッピングを長くやってきましたが、ときどき意識して突拍子もないことをやるようにしていました。生放送で突然、カメラに寄っていったり、「ちょっと待ってくださいね」と言ったまま、3秒間画面から消えてしまったり……。

同じことを繰り返していてはいけない、ということを自覚することは大切ですよ。日々、反省して、次に何をすべきかを考えることが、いかに大切なことか、それに気づくことができた人が、長く活躍できると思うのです。

ジャパネットたかたは、キー局での生放送をはじめ、毎日たくさんのテレビショッピング番組を放送しています。毎日毎日が真剣勝負です。本番が終わったあとには、制作にかかわるすべてのスタッフが参加して反省会を開きます。

スタッフのだれもが目指しているのは、伝えたい想いをきちんと伝えることができて、思ったとおりの売れ行きになることです。しかし、思うようにいかないこともあります。結果が出ないこともあるんです。だからこそ、反省会は重要です。

反省会で最も大切なことは、失敗の中から、次に活かせる可能性を見つけ出し、よい結果を生むにはどうすればよいか、を考えることです。**売れなかった理由を探すのではなく、売れる理由を探す**。これこそが、次の結果につながると思います。

反省会が敗因を語り続ける場になっているうちは、成果は上がりません。「次はどうするか」、それこそが話し合うべきことです。今を受け止めて、前向きに考えることが大切だと思うのです。

ジャパネットたかたの反省会では、伝えるために何が足りなかったのか、その課題を書き出していきます。紹介した商品はどうだったか。その商品は本当にお客さまの立場に立った商品だったか。値段は私たちの提供している商品に見合っているか……。

説明の仕方は問題がなかったかも考えます。何が足りなかったのかを考えてみる。商品の知識を改めて身につける。商品に触ってみる。そんなことをしながら、次はどのようにうまく伝えるかを練り直していきます。

商品の展示についても考えなおします。商品の並べ方ひとつで、番組の印象はがらりと変わるからです。展示の仕方は最善かどうか、商品が主役になっているかどうかを確認します。

やるべきことを10、20と書き出していって、一つひとつ検討します。そうすることで番組は変わっていきます。そうやって丁寧に作り上げていくショッピング番組というのは、もしかすると、ビジネスそのものかもしれないと私は思うようになりました。人生そのものかもしれません。

「我見」「離見」「離見の見」

相手の立場に立って考えなければ、伝わるコミュニケーションにならない、というお話をしました。世阿弥もそのことについて説いています。

世阿弥は能を舞うときには「3つの視点」があると説きます。「我見」と「離見」、そして「離見の見」の3つです。「我見」とは自分の側から相手を見る視点です。舞台にいる演者（私）が見所（客席）、あるいは観客を見ているのが我見です。一方の「離見」とは、相手が私を見る視点です。観客が演者を見ているのが離見ですね。そして「離見の見」とは、自分自身の姿を、離れた場所から客観的に眺める視点のことを言います。つまり、舞台にいる演者が、あたかも幽体離脱でもするように視点を見所後方に移動させて、俯瞰するように舞台と客席の全体を見て、観客の視線で自分の舞を見るのが「離見の見」です。舞うときには、観客の見と自分の見を一致させることが大切だと説いています。簡単に言えば、独りよがりはいけない、ということでしょうか。

テレビショッピングに置き換えて私流に解釈すると、売る側が、商品の特長や性能を説明して「これいいでしょう」と一方的に購入を勧めているのが我見です。それに対して、テレビを見ているお客さまの生活シーンを想像して「こんなふうに使うといいと思いませんか」と相手の立場で提案できるのが離見。そして、離見で気づいたことを、どのように伝えればお客さまの心に届くか、伝え方の方法までを考えることができるのが「離見の見」ということになるのではないかと思います。

人間はつい我見に陥りがちですよね。自分がいいと思ったら、相手がどう考えているかなんてお構いなしに押しつけがましく勧めてしまいます。だからこそ、離見の意識を持たないといけないと思います。見ている人、視聴者、お客さまの側の立場に立って考えてみる。そして、離見の見。**相手が自分を見ている目線で自分を眺めてみる**。それが伝わるコミュニケーションにとっては非常に大切だと思うのです。

『花鏡』を読んで、初めて「離見の見」という言葉に触れたとき、我が意を得たりと思わず膝を打ちました。相手の立場になって考えているかどうか、ということは常に心掛け、スタッフにも言い続けてきたことでした。伝える側は、見る目と同じくらいに、見られる目を持たなければいけません。ところが、これがなかなか難しいんですね。我見に陥り、自分の常識が業界の常識であり、消費者の常識であり、見ている人の常識だと思い込んでしまったりします。それでは新しい市場を創造するような発見はできません。

見る目の我見、見られる目の離見に対し、離見の見は「見せる目」のこととも言えるのではないでしょうか。これこそが、伝わるコミュニケーションの極意だと思います。自分勝手に語ったり演じたりするのではなく、常に相手から、客席から見える自分を考える。プロの伝え手になるためには、これを理解しなければ、芸が完成することはないと思うのです。

離見と離見の見が大切なのは、能などの舞台芸術やテレビショッピングだけではありませんよ。他のビジネスでも、政治でも教育でも医療でも、あらゆる世界でコミュニケーションが重要な役割を果たす場面では、同じことが言えると思います。

政治家は、国民が政治に何を求めているかに敏感な人でなければ務まりません。医療の現場では、医師には患者に正しい情報を伝えるだけではなく、患者の気持ちを理解して寄り添うことができる能力が求められるのではないでしょうか。

さらに大きな視野で世界を見渡せばどうでしょう。戦争の多くは、互いが相手を理解しようとしない我見に起因しているとは言えないでしょうか。離見から、つまり、相手の立場になって考えることから始めてみる。離見の見で、相手に自分がどう見えているかに思いを馳せてみる。そうすれば、相手に対する思いやりが持てるようになる。それが平和な世界を作っていくことにつながるのではないでしょうか。

伝えることは本当に奥が深いことですね。コミュニケーションで重要なのは、一言一句間違えずに伝えることではありません。大切なのは、我見に陥らず、離見の意識を持って、離見の見で、伝わるように伝えることです。テレビショッピングでも、営業の場面でも、プレゼンテーションでも、あるいは夫婦や家族の会話や会社でのコミュニケーションでも、世阿弥の「我見」「離見」「離見の見」を意識してみるとよいと思います。何かを「伝えたい」と思うなら、この意識は間違いなく役に立ちますよ。やってみてください。実践することは難しいかもしれませんが、それだけに、できたときにその効果は大きい。間違いありませんよ。

「秘すれば花」――期待を超える

ジャパネットたかたでは、質量ともに大胆な宣伝を行っています。私は中途半端な投資は意味がないと思っていました。やるなら、大胆にやった方がいいと思うのです。

例えば、チラシは1度に4000万部を配り、費用が数億円かかります。テレビコマーシャルにも億単位の費用が必要です。費用対効果を心配されたこともありましたが、大胆な宣伝の効果によって、それまで10億円しか売れなかった商品が40億円売れたこともあります。
宣伝に大胆な投資をしてきた理由の一つは、お客さまにサプライズを提供したいと意識してきたからなんです。私は社長を30年近く勤めましたが、最初の15年ほどはお客さまの期待に応えようとやってきました。しかし、その辺りから期待を超えるものを作り出していかなければ、企業は生き残れないと感じるようになったのです。情報社会の今、少々のことではお客さまを驚かすことはできません。お客さまの想像を超えるサプライズを提供できるかどうかが、生き残りには必須だと思ったのです。

本当はサプライズのためにしたことではなかったんですが、ジャパネットたかたのテレビコマーシャルが世間だけではなく、広告業界にも驚かれたことがあります。CMで「明日の朝刊を見てください」と宣伝したのです。他のことは一切謳っていません。ただ、「明日の朝刊を見てください」だけです。翌日の朝刊で、折り込み広告をお届けしました。最初のCMは1998年でした。

折り込み広告を始めたのは95年からです。だんだん規模が大きくなって、全国展開するようになってしばらくたったころ、ふと思ったんです。そろそろ飽きられて、大分、捨てられているかもしれないって思いました。それで、1回の折り込みチラシでどれくらいの紙を使っているのかを調べてみたら、10トン車で100台っていうんですよ。驚きました。この9割が捨てられたらいったいどうなるんだと思ったんです。

見てから捨てられるならともかく、見もせずにゴミになってしまうことがないようにするためにはどうすればいいか考えました。これも、「今を生きていれば、課題は見えてくる」です。そして出てきたのが「明日の朝刊見てください」のアイデアでした。

これは、大変なサプライズだったようです。なにしろ、そんなコマーシャルはとても珍しかったんです。有名な広告批評家の方が、広告自体はその大胆な発想といい、斬新さといい歴史的に価値があると評価してくださいました。歴史的に、ですよ。でも、その方は、短期的な費用対効果を考えたら、こんな大胆な広告を出して投資が取り戻せるはずはない、とも書いておられました。

私は少しくらい損してもいいと思っていたんですよ。そもそも、紙を捨てられないようにって思って始めたんですから。でも、その広告は年に5、6回、今でも続いています。毎回損失を出していたのでは、いくら私でも続けてはいませんでしたよ。

サプライズについては、世阿弥が示唆に富む言葉を残しています。

「秘すれば花」

「いずれの花か散らで残るべき。散るゆゑによりて咲くころあれば、珍しきなり」

どちらも、『風姿花伝』にある言葉です。

去年の桜と今年の桜は違いませんよね。いつも同じ桜です。なのに、私たちが毎年、新鮮な気持ちで桜を喜ぶことができるのはなぜでしょうか。不思議ですよね。世阿弥はこう説明しています。花が変わるんじゃない、それを待つ人の心が新しくなっているのだ――。

桜は散ってしまうからこそ、次の年にまた花を咲かせることができる。桜は春の短い間しか咲かない。だから人々は桜を楽しむことができます。でも、真夏に桜の花を咲かせてみても、人々を喜ばせることはできませんよね。面白いと思いませんか。

世阿弥は舞台もそれと同じだと言うのです。あらゆる花の種を持っていて、観客が一番見たいと思う花を、見たいと思うときに咲かせなければいけないと言うんです。しかも、一度見せてしまったら、もう秘したものにはなりません。それはビジネスも同じです。常に新しいことに取り組んでいかなければ、変化するお客さまの気持ちには応えていくことはできません。この言葉に触れたときも、その言葉に共感し、世阿弥の教えはビジネスに通じると思いました。

お客さまはいつもサプライズを待っています。期待を超える何かです。それは、画期的な商品や驚くほどの安値だけではありませんよ。宣伝だったり、紹介の仕方だったり、コールセンターや配送などのサービスの品質だったりします。それをよく意識して実践できるか、「秘すれば花」を理解して、どこまで思い切ったことができるか、そこに成功と失敗の分かれ目があると思います。決して規模の大小を申し上げているのではありません。それぞれの皆さんの、そのときどきの状況の中で、どれだけ思い切ったことができるかが大切だと思うのです。

伝えなければ、ないのと同じ

「伝わるコミュニケーション」についてお話ししてきた最後に、もう一つだけ大切なことをお伝えしておきたいと思います。それは「伝えなければ、ないのと同じ」ということです。

近年、しきりに地方創生ということが言われています。聞いたことありますよね。大臣までいますよ。いいことだと思いますが、ちょっと待ってくださいとも思うんですよ。地方創生なんてしなくても、すでに地方にはいいものがたくさんありますよ。知らないだけじゃないですか、って思うんです。

少し前に、地方創生をテーマに佐世保でフォーラムがあって、佐世保の市長さんたちとのシンポジウムに参加しました。そのとき、私は「テレビショッピングやったらどうですか」って提案したんです。「全国じゃ費用がかかるから、九州だけでもどうですか。ジャパネットで制作すれば安くできますよ」ってですね。そしたら次の日に市長さんからご連絡をいただいて、「本当にやってくれるなら、どんなアイデアがあるか」とご相談を受けました。

長崎にも佐世保にもいいものはたくさんあるんですよ。佐世保には、私が最初に店を開いた三川内というところに、三川内焼があります。400年の伝統があるんですよ。でも、有田焼は知っていても三川内焼を知ってる人はあまりいないでしょ。長崎県がアナゴと鯛で日本一だってご存知ですか？　それも知られていないんですよ。そこが地方創生の難しさだと思うんです。素晴らしいものは日本中にあるのに、伝わってないだけじゃないかと思います。

例えば、三重県には伊賀焼があります。こちらも三川内焼と同じ400年の歴史を誇る焼き物の産地です。機能もデザインも素晴らしいんです。でも、ほとんど知られていませんでした。

ところが、最近、伊賀焼に人気が出てきたんです。窯の当主に伊賀焼を伝える人が出てきたんですね。その方をお訪ねしたとき、不思議に思って聞いたんです。どうして、伊賀焼は知られていなかったんですか、って。そしたら、こう言われました。

「伊賀には職人はいたけれど、商人がいなかったんです」

お話を伺って、私は今の日本に何より求められているのは「伝える力」だと思いました。地方創生には「伝える力」が必要だと痛感したんです。しかも、単に伝える力ではありません。確実に相手に「伝わる力」です。私たちが知らないだけで、本来の価値や魅力を伝えることのできていない地方の名産品は、まだまだ日本にはたくさんあるのではないかと思います。

また、得意ではない恋愛の話をしますが、もしだれかをものすごく好きでも、その気持ちを伝えなければ、その気持ちが伝わらなければ、好きな気持ちはないのと同じですよ。もちろん、好きで好きで仕方ないと思っている本人には、持て余すくらいの気持ちがあるのでしょうが、相手にとってはないのと同じですよね。知らないんですから。だから、伝える、伝わることは大切なんです。

恋愛だけじゃないと思うんです。例えば、だれかに悪いことをしたなって思っても、とても感謝していても、「ごめんね」とか「ありがとう」って思う気持ちを伝えなければ、それが相手に伝わらなければ、思ってないのと同じです。それが人間関係を悪い方向に持って行ってしまうことだってあります。

だからこそ、伝えること、伝わることは大切なのだと思うのです。

第5章 自己更新

問題から逃げない——顧客情報流出事件

思えば、1978年に佐世保の三川内で父の会社の支店を任されて以来、私は順風満帆に小売業ビジネスの道を歩んでいたと思います。一言で言えば、増収増益の連続で、右肩上がりの成長を続けていました。根っからの楽天家ですから、それを怖いと思ったことも、どこかに落とし穴があるんじゃないかと心配したこともありませんでした。

ところが、大変なことを起こしてしまいました。この上なく申し訳なく、残念なことでしたが、2004年3月に、顧客情報流出事件が起こりました。実際には1998年7月に発生していた事件でしたが、もちろん、当時はそんなことは夢にも思っていませんでした。発覚したのは、ちょうど国会で個人情報保護法が審議されていたときで、ついその1週間ほど前にヤフーBBの顧客情報流出が発覚して、大騒ぎになったばかりでした。

3月8日の夜でした。オフィスに毎日新聞の記者の方が訪ねてこられました。ただならぬ雰囲気で、50人くらいの名簿を私に見せて「お宅の顧客じゃないですか」と言われました。すぐに調べてみると、確かにジャパネットたかたの顧客情報でした。なぜ顧客情報を記者の方が持っているのかわかりませんでしたけど、「明日の朝刊に出しますから」と言い残して、帰っていかれました。

翌朝テレビをつけたら、どの局も「ジャパネット顧客情報流出」を伝えていました。出社すると、記者やカメラマンが40人くらい待ち構えていました。

当時副社長だった妻と話し合いました。そして、事実がはっきりとわかるまで、いったん、営業はすべて停止することにしました。即断でした。記者会見で、「すべての営業を自粛する」と発表しました。

そのときはテレビショッピング10周年キャンペーンの最中で、収録はすべて終わっていました。商品も何十億円分も用意していましたが、そんなことはまったく頭にはありませんでした。

なぜ顧客情報が流出したのか、理由はまったくわかりませんでした。しかし、現に顧客情報は流出していました。結果としてお客さまに迷惑をおかけしているのは事実です。責任の所在が明らかになるまで、取りあえず営業は続けるという選択肢はありえない。それでは、一時的にせよ、問題に目をつぶり、問題から逃げることになり、お客さまに対してあまりに無責任で失礼だと思いました。何よりも先に、お客さまにご迷惑をおかけしてしまった事実と向き合わなければいけない。お客さまに対する姿勢を明確にしなければいけないと思ったのです。

警察当局の捜査によって、男性元社員2人が逮捕されました。流出した顧客情報はDM発送のために抽出していた51万人分でした。今思っても慙愧《ざんき》に堪《た》えない事件でした。

捜査には全面的に協力しました。社内に特別調査室を作って、過去に遡れるだけ遡って、だれがどこに座ってどのパソコンを使っていたというようなデータを作って警察に提出しました。また、社員に理解を求め、セキュリティ専門の外部の方にお願いして、社内に監視カメラを設置し、社屋の出入り口で人の出入りを管理するシステムも導入しました。

その間、お客さまから不安やお叱りの声を多数頂戴しました。励ましの声もいただきました。頂戴したお手紙は2000通を超えました。事件の重大性をひしひしと感じました。

大きな危機でしたが、メーカーや放送局の皆さんにも、助けていただきました。キャンペーンのために商品を大量に発注していましたから、営業自粛で本来なら在庫を抱えてしまわなければなりませんでした。が、通常では考えられないキャンセルに応じてくださいました。また、放送局にも予定していた放送枠の突然のキャンセルで大変ご迷惑をおかけしましたが、ご担当者の方々が全力でご対処くださいました。

数百人の社員を抱える会社としては、150億円の減収は痛手でしたが、立ち止まって社業のあり方を見つめ直さなければならないと思いました。順風満帆のときには、自分を客観的に見つめることが難しいものです。今の繁栄がずっと続くと勘違いしがちです。自分を見失ってしまうこともあるのではないかと思うのです。そこに隙があったのかもしれません。

できるだけ社員を自由に働かせる、というのが、私の経営者としての方針でした。うちの社員に限って悪いことをする者はいないだろうという前提で仕事をしていました。しかし、自由を許し過ぎたがために、顧客情報を盗まれる事件を起こしてしまいました。お客さまへの責任を果たすためには、必要最低限の管理はしていなければいけませんでした。それが、こうした事件を未然に防ぎ、結果的に社員を守ることにもなると思いました。本当に反省しなければならないと痛感しました。

売上が落ちても、業績が悪化しても、お客さまからの信頼だけは失ってはいけない。それは企業にとって死を意味する。何より大切なのはお客さまからの信頼である——、それを、今も肝に銘じています。

100年続く企業にする

情報流出事件のあった年、売上高も利益も、前年比を大きく下回りました。売上高は前年度の705億円から2004年度には663億円にダウンしたんです。社員とその家族の生活を守るためにも、会社を倒産させるわけにはいかないと思いましたが、このときばかりは、最悪の事態も心のどこかでは覚悟していたように思います。

厳しい状況でしたが、それまでの蓄えがゼロになってもかまわない。マイナスにはできないけれど、ゼロに戻ればいいことだと考えました。もし、それまでに築いてきたものにしがみつこうとしていたら、危なかったと思います。自分の身を守ろうとすると、自分のことばかり考えてしまいます。ゼロに戻ればいいだけだと思えたからこそ、営業自粛という決断ができたのだとも思います。

しかし、ありがたいことに、翌年には想像をはるかに超えるスピードで業績が回復しました。2005年度の売上高は906億円で、事件前の水準を上回りました。そして翌2006年度には年間売上高が1000億円を突破しました。

このとき、さまざまな方々から「すごいね」とお褒めの言葉をいただきました。

1000億という数字には、自分でもよくここまでこられたものだと感慨を深くしましたが、一方で私は、これからは「すごい」の中身が問われると思うようになりました。

Corporate Social Responsibility という言葉があります。日本では頭文字をとってCSRと略称されていますが、企業の社会的責任という意味です。その責任は企業の事業規模が大きくなればなるほど、大きくなると思います。

社会的責任の重みへの認識を社員と共有し、お客さまに感動を発信していかなければならない。「ジャパネットたかたの放送を見て元気になった」というお客さまを、一人でも多く増やしていきたい。社会的責任を果たせる企業体として継続していかなければいけないと意識するようになりました。

企業には「30年寿命説」がありますが、30年でつぶれてしまえば、社会的責任は果たせません。企業は100年どころか、400年でも500年でも続くことによって、適正な利益を出し続け、税を納めて社会に貢献していくことが望ましい。多くの人に喜んでいただくことこそが、事業活動をする一番の喜びではないか、とも思うようになりました。

「人は人のために生きてこそ人」と言われますが、人も企業も、世の中の人のためになってこそ存在する意味があるのであって、それがなければ存在意義はないと私は思っています。ジャパネットたかたもまだまだ力不足ですから、その理念を大切にしながら、完成を目指して頑張っていってほしいと願っています。

自粛ではなく社業で貢献——東日本大震災

2011年3月11日、東日本大震災が発生しました。ニュースで未曽有の惨状が明らかになるにつれ、テレビショッピングを続けていくことの是非に悩みました。とにかく10日間のテレビショッピング自粛を決定し、すぐに実施しました。

一方で、いったんは番組自粛を実施しながら、本当に被災地のことを考えるなら、企業としての仕事をやり通した方がいいのではないか、との考えも芽生えました。そして、震災から5日目の番組の一部再開を社内で提案しました。

再開といっても、普段通りのテレビショッピングを提案したのではありません。テレビ1500台とランタン1000個を用意し、売上のすべてを義援金とするテレビショッピングを放送してはどうかと提案したんです。社内の皆が賛同してくれました。

午前9時30分にスタートした番組の冒頭で、「売上の全額を義援金として被災地に送ります」と、視聴者にお伝えしました。被災地のために何かしたい、と考えてらっしゃる皆様の想いを寄せて、義援金をお送りしたいと訴えました。

すると、直後に、コールセンターがパンクするような事態が起こりました。それには本当に驚きました。商品の紹介が終わらないうちに、売り切れてしまったのです。このときほど、日本人の優しさを実感した時間はありません。

被災地のために何かしたいという気持ちは社員たちも同じでした。受注のために臨時のオペレーターを社内で募集しましたが、多くの社員が、無報酬でいいからぜひ受注の電話を受けさせてほしいと応募してくれました。

「被災地への気持ちは、視聴者の皆さんに届くだろうか」という不安がなかったわけではありませんでした。が、まったくの杞憂でした。復興を支援したいと思うなら、ただ活動を自粛してお祈りするのではなく、事業を通してできることを考えて取り組まなければ、本当の支援にはならないと確信しました。予定通り自粛を続けていては、売上を義援金としてお送りすることはできませんでした。

ジャパネットたかたは、この日の売上総額7068万円のほか、日本経団連を通して社会福祉法人中央共同募金会に義援金5億円を寄贈しました。ジャパネットたかたで販売している充電済み充電式電池セット1万台も被災地にお送りしました。

5億円の義援金は年商1500億円の企業にとっては背伸びした金額だったかもしれ

ませんが、支援の輪を広げる起爆剤になればと考え、決断しました。

今年（2016年）4月の熊本地震の際も、ジャパネットたかたは、地上波の生放送で義援金をお送りするためのテレビショッピングを実施しました。私は、テレビショッピングから引退した身でしたが、現執行部から「こんなときだからこそ、ぜひ」と依頼され、出演しました。そして、他媒体の売上も含め総額約1億7800万円を被災地にお送りすることができました。

苦しいときこそ、前へ――東京オフィス開設

話は前後しますが、顧客情報流出の試練の後、それまで以上の成長が始まりました。事件から6年後の2010年度には、売上高は過去最高の1759億円を達成しました。記録的な売上高の原動力は、地上デジタル放送対応のテレビの特需でした。そのときにテレビを買い替えた方もいらっしゃるでしょう。2009年5月にスタートした「家電エコポイント制度」と「地上デジタル放送完全移行」が追い風となって、地デジ対応テレビの売上が急激に伸びたんです。

2010年度のテレビ関連商品の売上は約960億円でした。売上高全体の5割以上

ですよ。もちろん、この状況が続くとは思ってはいませんでした。家電エコポイントが終了し、地デジに完全移行する2011年7月以降は、テレビの売上が大きく落ち込むことはだれの目にも明らかでした。

それでも、2011年度は、地デジ・エコポイント特需が終わる6月までの上半期で貯金をして、テレビ市場がたとえ半減しても、通期の売上高は前年並みになると楽観していました。ただ、社員全員には、テレビの特需がなくなったあとジャパネットは何をすべきか、という課題を出して、アイデアを集めていました。

しかし、2011年7月以降の状況は想定を上回るものでした。業界全体でテレビ市場は7割ほどに縮小すると推測されていましたが、それどころではありませんでした。売上の5割以上を占めていたテレビが全然売れないんです。そのあおりで、2011年度は売上高を200億円以上減らして1531億円に、2012年度はさらに減少して1170億円まで落ち込みました。経常利益は73億円。過去最高だった2010年度に比べると、売上が3割以上、利益は5割近く落ち込みました。

ジャパネットは大丈夫か、という声もたくさん聞こえてきましたが、私はまったく心配しませんでした。それどころか、守らずに攻めよう、と気持ちを奮い立たせていました。こんなときこそ、今を一生懸命に生きることが大切だと思ったんです。

3割以上の売上減という逆風の中、2012年には数十億円もの投資をして、東京に進出しました。六本木に東京オフィスを開いて、スタジオも作ったんです。これには、驚いた人もたくさんいたようです。疑問を投げかける人もいましたが、私は、周囲の声は気にしませんでした。

例えば10億円の投資をする力しかないのに30億円の投資をするのは無謀です。しかし、10億円の投資をする力があって投資をするときは、10億円を捨ててもいいと思えるくらいの気持ちでいなければいけないと、常に私は思ってきました。経営者はそのくらいの覚悟を持って仕事をしなければいけない、というのが私の考えでした。

東京オフィスの開設は大変な投資でした。しかも、時間をかけて計画を練ったのではありません。作ろうと思った次の日に動き始めていました。大胆だったと思いますが、このときも失敗してもかまわない、と思っていました。

東京オフィス開設の狙いは、銀座にハウスエージェンシーを設立したことや、佐世保にスタジオを作ったのと同じです。さらなるスピードアップを期して、時代の変化に対応しようと思いました。

それまで、商談は取引先の人たちに佐世保まで足を運んでいただいていました。しかし、それでは取引先の意思決定権者に来ていただくのが難しかったり、物理的に移動時間がかかったりで、最終決裁までに時間がかかり過ぎていました。

取引先の皆さんにしてみれば、佐世保に来るには、時間もお金もかかります。東京でできれば手間が省かれ、商談がスピーディーになれば、お客さまが求める商品を、いち早く判断できる。そう考えたんです。

もう一つ、別の思惑もありました。優秀な人材の確保です。長崎にも優秀な人材はいますけど、人数では敵《かな》いません。インターネット関連やテレビ制作など、専門知識を持った人材の獲得を強く意識しました。

東京オフィスの新設は、一気に半年間で行いました。六本木を選んだのは、重要拠点だからこそ、一等地に設けたいと思ったからです。

減収減益になったからといって新規採用を中断したり、投資を抑えたり、といったこともしていません。リストラも絶対にしないと決めていました。むしろ、投資を増やしたんです。

気持ちが萎《な》えたらおしまいだと思っていました。逆境だからといって守勢に回らず、むしろ、どんどん前に出て、ジャパネットたかたは動いているんだというメッセージを発信すべきだと思っていました。それもサプライズです。**逆境にあって守りに入らず、攻めの姿勢で、今できる最高の努力をする**ことを選んだのです。

背水の陣——覚悟を示せば、会社は変わる

2年連続で大幅な減収減益という逆境の中で東京オフィスを開設するなど、大きな投資をしたのには、さらにもう一つ、大きな理由がありました。

3割以上の減収というのは、倒産の危機と言われても仕方がないような状況です。でも、私は心配していませんでした。まったくです。私が心配したのは、むしろ社内の雰囲気でした。そんな危機的状況になっても、社員の中に「だれかがやってくれる」というような安心感が醸成されているとしたら、その方が危ういと感じたんです。それで、瞬間的に考えるんです。自分にも、社員みんなにも、喝を入れるには、なにをすべきかって、ですね。

それで東京進出に打って出ることにしたのです。この年には、他にもいろいろなチャレンジを始めています。社内外に「ムーブジャパネット」というキャッチフレーズを掲げ、イメージキャラクターの国分太一さんが出演するＣＭも流しました。フィギュアスケートの国際大会のスポンサーになりました。真央ちゃんが滑っているとき、ジャパネットの看板があるでしょ。あれです。販売では、テレビショッピングで、なんと、電

気自動車を売りました。びっくりでしょう。これこそ、サプライズですよ。テレビ通販で自動車ですからね。何台売れたと思われますか？　99台です。利益はそんなに出ていませんが、宣伝効果は相当にありました。

しかし、私はまだ足りないと思っていました。自分と社員に、気力と活気を漲《みなぎ》らせるものは何か。2013年度を迎えるにあたり、私はこの年を勝負の年にしようと決意し、創業以来、初めて明確な数値目標を設定しました。前年を上回ること以外、具体的な目標を立てないのが私の経営理念だったんです。が、敢えて設定しました。

そして、目標が達成できなかったら、社長を退任すると宣言しました。まさに背水の陣を敷いたのです。

目標は過去最高益の更新としました。過去最高売上の更新も考えましたが、最高売上は2010年の1759億円で2012年は1170億円でしたから、不況は続いていましたし、現実的に考えて600億円増は無理だろう、その数字では一丸にはなれないと判断したんです。

それでも、この目標に社員は驚いたと思います。過去最高益は2010年の136億円でした。2012年は73億円ですから、目標は前年の2倍近い利益ということになります。そして、もっと驚いたのは、私の「退任宣言」だったでしょう。それくらいの覚悟を示さないと、ジャパネットたかたの置かれた状況を社員にわかってもらえないと思いました。社内に衝撃が走りました。私の本気が伝わったに違いありません。

もちろん、退任は本当に覚悟していました。社外にも公言しましたから、メディアで話題にもなりました。これも「秘すれば花」、サプライズですよ。「本当に目標が達成できなかったら、どうするんですか」って、よくきかれましたが、「そのときは辞めればいいだけです」と即答していました。

私自身がリーダーシップを発揮すれば、当面の危機は乗り越えることができたかもしれません。しかし、それでは「100年続く企業」にはなれない。社員に一丸となって、この危機を乗り越えてほしいと強く願いました。私の力ではなく、社員の力で目標が達成できたら、100年企業に一歩近づける。会社は間違いなく変わると思いました。私がいなくなっても、社員たちだけで会社を継続していける体質にしなければならない。そこまでが、創業者である私の責任だと思いました。

後で聞いたことですが、当時副社長だった長男の旭人は、「なんでそんなことを外にまで言うんだ」って、言っていたそうです。

原点回帰で過去最高益を達成

最高益の更新は高いハードルでした。グループ全体で1600人を超える従業員の力を結集しなければ越えられない、と思いました。私は仕事がある限り1日も休まないと公言して、覚悟を行動で示しました。

ジャパネットたかたは、社員同士が家族や同好会の仲間のように仲がいいんですよ。それ自体は喜ばしいことだし、誇れることだとも思っています。でも、それが諸刃の剣になることもあります。居心地が良すぎて、いつのまにか現状を肯定して、変化を厭う雰囲気が醸成され、ぬるま湯体質になっていたのでは大変ですからね。東京オフィスを開設した狙いには、本社とは別に東京に拠点を作ることで、社内に競争意識を植え付けようとしたこともあったんです。

東京オフィス開設にあたり、私は200人でもいいから採用しようって言ったんです。実際には思ったほど求める人材が集まらず、新規採用は60人ぐらいだったんですが、佐世保のテレビスタッフを半分ぐらい東京に移しました。テレビショッピングのベテランMCも東京に送りました。仕入れを担当する商品バイヤー部とインターネットの部署も東京に移転させました。そして、東京オフィスの総責任者には、現社長の旭人を指名しました。

それまで、番組はすべて佐世保のスタジオで制作してきましたが、制作は東京・六本木との2本立てにしました。社内で競争原理を働かせ、2つのスタジオを競争させたんです。

狙い通り、若手の多い東京と、古参社員が多い佐世保の間に対抗意識が芽生えていきました。結果はすぐに数字に表れますから、両者に火花が飛び散るようになりました。人は本気になったときこそ、とてつもない力が出せるんですね。本当にそうでした。

東京オフィス開設からわずか1年で、ジャパネットたかたは大きく変わっていました。どうすれば過去最高益という高いハードルを超えられるか。みんなが自分たちで考えてくれました。私の覚悟が伝わり、皆が本気で動いてくれたんです。

過去最高益を目指すに当たり、さらに私は原点回帰を提案しました。商品はテレビだけじゃないよね。家電は他にもある。洗濯機も冷蔵庫も、炊飯器も掃除機もエアコンもあるじゃないか。これまでの自分たちのベースを考え直そう。一つひとつの商品の売り方、伝え方、提案を見直して、少しずつ積み上げていこう、って言いました。衣食住なんだってかまわない。お客さまに喜んでいただける商品を発掘して、どんどん提案していこう。サービス向上でできることはなんでも変えていこう、と発破をかけたんです。

社員たちは実にさまざまな企画を提案してくれました。一つの商品だけを1日限りお値打ち価格で徹底的に販売する「チャレンジデー」、社員が発掘した布団除菌クリーナー「レイコップ」の販売――これは後に大ヒット商品となります――、物流センターの当日出荷開始、佐世保本社のコールセンター開設、「下取り」と「特別分割」で買い換え促進を狙った掃除機「トルネオ」の販売――これも大ブレイクしたんですよ――、そしてジャパネットアプリの配信開始など、数え上げればきりがありません。

最高益に届くかどうかは最後までわかりませんでした。うちは12月決算なんですよ。夏場にエアコンがものすごく売れたので8月には「いくだろうな」って、ちょっと安心したんですよ。そしたら9月に落ちて。達成できなければ社長が辞めなきゃいけないんですから、みんな必死です。10月に持ち直すんですよ。ジェットコースターみたいでしたよ。そして、11月になって利益があと6億あればクリアできるというところまできたんです。

最終的には、売上が250億円増えて1423億円。利益は目標だった過去最高の137億円を遥かに上回る154億円でした。辞めずにすみました。

2013年12月期決算で、過去最高益の達成ができるとわかったとき、みんな感動していました。東京オフィスと佐世保本社をテレビ会議でつなぐと、どちらの拠点の社員も泣いていました。私もみんながやってきた成果に感動しました。組織がさらに一つに固まったと思いました。

目標達成の陰に隠れてしまいがちですが、私にはもう一つ感動したことがあったんです。お話ししたとおり、2010年に過去最高売上を達成したときの主力商品はテレビです。関連商品も含めると960億円の売上で、全体の5割以上を占めていました。しかし、皆さん、過去最高益更新の目標を達成したこの年、テレビも売れたと思われますか?　売れてないんです。テレビ関連の売上はわずか60億円でした。900億円は消えているんです。にもかかわらず、それを補って目標を達成することができました。私が提案した原点回帰を真剣に受け止め、発想を転換しいろいろなアイデアで売上を積み重ねてくれた社員の成長を感じました。そこに、感動したんです。

猛反対したチャレンジデーが大成功

2013年度の最高益達成に大きく貢献してくれた商品や取り組みがたくさんありました。私が主導したのではなく、社員たちが提案してくれたものばかりでした。

その一つが、今も続いているチャレンジデーです。先ほどちょっと触れたとおり、一つだけの商品を1日限り朝から晩まで1日中お値打ち価格で徹底的に販売する企画です。テレビだけではありません。ラジオもインターネットも折り込みチラシも、すべての媒体を駆使して、その商品をアピールするというイベントです。

チャレンジデーは、実は前年の7月に第1回の販売を行っていた企画です。大成功だったのですが、そこには、ぜひご紹介しておきたいエピソードがあります。

丸1日徹底的に紹介するのですから、成功すれば一気に売上が積み上がることも予想できました。でも、失敗すればダメージは大きい。注文が殺到した場合に備えて相当な数の商品を揃える必要があります。販売量を読み誤ると、在庫を抱え大変なことになる危険性もあります。

その企画は現社長の旭人ら、若手社員が企画したものです。それまでは、媒体の間でゆるやかな連携を試みたことはありましたが、横断的なキャンペーンはやったことがありません。

やったことがない、というのは理由ではありませんでしたが、チャレンジデーの企画が提案されたとき、私は賛成できませんでした。それまでの経験上、生放送を1日4、5回やっても、一つの商品が1日に売れるのは、せいぜい数千止まりでした。チャレンジデーでは、目標を万の単位に据えて、それを前提に予算を組んでいました。

反対した理由はそれだけではありません。これだけのイベントですから総力戦になります。告知のためのテレビコマーシャルの制作費や宣伝費には数億円単位の莫大な費用がかかります。採算がとれるか心配でした。

メーカーには特別に生産ラインを組んでもらって商品を確保しなければなりません。テレビだけではありませんから、ラジオやカタログ、チラシに新聞広告、インターネットまで、社内全部署の協力が必要です。コールセンターや物流センターを増員するのはもちろんですが、それでは足りませんから、一般社員の応援も頼まなければなりません。まさに、大イベントです。そんなリスクを冒してまでやる必要があるのかどうか、疑問が残ったのです。

ですから、私はやるべきではないと思いました。

ところが、提案した彼らは諦めませんでした。社長の私がノーと言っているのに、それでもまた提案してくる。再び私は却下する。社長室に何度もやってきて、別の会議中にもまた蒸し返されて、「もうその話はいいじゃないか」と声を荒げたこともあります。「またその話か」と席を立ってしまったこともありました。

だれに似たのか、それでも彼らは粘りました。そして、私の方がとうとう折れました。

根負けして「そこまで言うなら、赤字覚悟でやってみて」、と伝えました。

私ではなく、現社長を中心とした若い社員たちの発案の企画です。これには全社が結束しました。彼らが選んだ商品はダイキンのエアコンでした。実施日は7月13日と決まりました。私はそんなことは気にもしませんけど、13日の金曜日で仏滅でした。

そして、その日を迎えました。初めてのチャレンジデーの日です。不安と期待が入り混じった気持ちでいましたが、始まれば全力モードに切り替わります。これ以上できないほど気力を振り絞って生放送に臨みました。

予想をはるかに超える注文の電話がかかってきました。受付終了の午前零時まで電話が鳴り止まない状況が続き、みんな生き生きとして仕事に取り組んでいました。

赤字を覚悟していたぐらいですから、これほどの大成功はまったく期待していませんでした。不徳の致すところです。若手が企画し、私が反対した企画が大当たりしたんです。この成果はジャパネットたかたの歴史に残ると思いました。以後、マッサージチェアや電子辞書、ダイソンのクリーナーなど、いろいろな商品でチャレンジデーを行い、業界の常識を覆すような実績を積み重ねています。今では「次はなんだろう」とお客さまにご期待いただける名物企画になっています。

少し尊大に聞こえるかもしれませんが、それまでの私は自分の決断は100%正しいと確信してやってきました。トップに迷いがあると経営はうまくいきません。しかし、チャレンジデーは私の確信を揺るがすことになりました。100%だった確信が、20〜30%は減って70〜80%になってしまいました。この揺らぎが、その後の社長退任の決断に大きく影響したのは間違いありません。

でも、嬉しかったんです。本当に嬉しく思いました。社員のその姿勢、攻めの気持ち、私に反対されても諦めない熱意と粘り、それがジャパネットの新しい時代を作っていくと確信しました。これは100%ですよ。

そして、このチャレンジデーは2013年の過去最高益更新にも大きく貢献してくれました。

レイコップが大ヒット

この年、私を退任の危機から救ってくれた大ヒット商品の一つに、布団除菌クリーナー「レイコップ」があります。先にお話ししたあのレイコップは、このときの商品だったんです。

2年前の2011年に1万5000台を仕入れた商品でしたが、当初は、布団クリーナーではなく、カーペットやテーブルの上などの広範囲を紫外線で除菌できるクリーナーとして販売したため、そのコンセプトが受け入れられませんでした。同じ商品でも、売り手の私たちがその商品の真の魅力を的確に把握しなければ、お客さまにもその魅力は伝わらないんですね。でも、翌年、紹介のコンセプトを布団クリーナーに絞ったところ、大ヒットを予感させるほど、お客さまの反応がよくなりました。

そして、この年のことです。9月に売上がやや落ち込み、過去最高益の目標達成に黄色信号が点っていました。そのとき、レイコップを集中的に販売しました。10月にはオリジナルモデルを発売し、大きなキャンペーンを展開しました。するとどうでしょう。予想を超える大ヒット商品に生まれ変わってくれたんですよ。

レイコップは韓国のメーカーの商品です。ナショナルブランドばかりを扱ってきたジャパネットたかたにとって、韓国メーカーの商品を大々的に扱うことは新しい試みでした。しかも、「布団除菌クリーナー」という、新しいカテゴリーの商品でした。

新しいコンセプトを打ち出したのは、東京オフィスの現場でした。訴求方法をしっかり研究し、新たな取り組みとして進めたら、一気に飛ぶように売れ出したのです。辿りついたコンセプトは、先にお話ししたとおりです。レイコップは東京オフィス発のヒット商品第1号になりました。

東京の現場から新しいことをしようとする人が出てきたのをとても嬉しく思いました。そして爆発的なヒットになり、目標達成に大きく貢献してくれました。

若い人の感性は、私にとっても大きな刺激になりました。経験が長いと、どうしても経験にとらわれる部分がありますよね。私もそうだったんです。が、若い感性がそれに気づかせてくれました。

レイコップと同じように、他の商品でも販売戦略を徹底的に見直し、それまであまり力を入れてこなかった掃除機や調理家電、ウォーキングシューズなど、新しい商材を積極的に採り入れ、東芝のトルネオという掃除機やミズノのウォーキングシューズなど、新しいカテゴリーの商品からヒット商品が生まれました。

余談ですが、この年の「大望年会」——ジャパネットたかたでは今年を忘れるのではなくて「来年に希望を持つ」という意味を込めて、忘年会を望年会と言っています——では、私の首をつないでくれた感謝を込めて、レイコップと東芝のトルネオに社長賞を贈呈させていただきました。毎年、メーカーや取引先の皆さんを大望年会にご招待していましたが、社員ではなくメーカーさまに社長賞を贈呈したのは初めてのことでした。それくらい嬉しかったんです。

目標を持たない経営

平戸で育ったこどものころから今日までの私の人生の軌跡を時代ごとに追いかけつつ、私の人生哲学と「伝わるコミュニケーション」についてお話ししてきた本書も終わりに近づいてきました。もうあと少しですよ。

繰り返しになる部分もあるとは思いますが、私が経営者として大切にしてきたことについて整理しておきたいと思います。

ジャパネットたかたの経営を振り返ってみると、「長期的なビジョンを持たない積み上げ経営」だったと思います。「長期計画のない経営」「目標を持たない経営」というテーマで講演したこともあります。計画性はほとんどなかったんです。

私は5年先、10年先の自分や会社の姿を思い描いたり、目標を立てたりして、それを達成するために今なすべきことを考えるという方法はとりません。そもそも5年先に何をしたいか、どうなっていたいか、ということすらあまり考えません。半年先、1年先のことも考えないんです。

軸足を置いていたのは、とにかく「今」です。今できることに最善を尽くす。そこから、次のステップが見えてくる。最善を尽くす中で次のステップが見えてきたら、スモールステップで次に進む。その繰り返しで成長を続けてきました。目標と呼べるようなものがあったとしたら、それは、とにかく昨日よりも今日、今日よりも明日、今年よりも来年と売上を伸ばし、成長していくという強い想いでした。

家業のカメラ店を手伝い始めてから、ジャパネットたかたを設立するに至った経過はお話ししたとおりです。今を一生懸命に生きて、見えてきた課題を一つずつ克服し、すべてスモールステップを積み上げてきただけでした。

マーケティングでもそうですが、過去の事例があって数字があると、「こういうデータがあるから、こう動くだろう」と人間は考えてしまいがちです。しかし、それはあくまで過去の数字です。参考にはすべきですが、それにとらわれてはいけないと思います。数字から直近の変化をどう読み取るのかが重要なのであって、数字やデータに縛られると変化に対応できなくなります。今日売れたものが、明日は売れないということはよくあります。長期の目標だけにとらわれてしまうと、そこに危機が潜んでいるということもあると思うのです。

実際のところ、例えば、10年後に売上を10倍にする、などという目標を掲げたところで、10年後のことはだれにも予測がつきません。あまりに高い目標で、具体的に今、何をしたらいいかもわからない。無理な販売戦略を作ってしまうかもしれません。

数値目標を掲げてしまうと、数字を達成しようとして背伸びしがちです。とにかく売ろうとして、無理をして価格を安くしたり品質を落としてしまったりしてしまう。私はそういうことが好きではありません。

また、短い期間で売上を伸ばしたところで長くは続きません。どこかにひずみが出て、結果的に事業に悪影響を与えます。売上を伸ばすために、商品やサービスの品質が落ちてしまっては本末転倒だと思います。

目標を掲げること自体は悪いとは思いませんが、実力とかけ離れた目標を立ててしまうとよいことはありません。プレッシャーになるだけですよ。目標や数字にばかり気を取られ、身の丈に合わないことをしようとしたり、事業のミッションを忘れたりしてしまいます。それでは、事業をやること自体の意味を失ってしまうと思うんです。

そんな私ですが、ぼんやりと夢見ていたことはありました。月商が300万円ほどだった創業期には、妻と「年商1億円にしたいよね」とよく話していました。気がついたら1億円を超えていて、「今度は2億円」と話していたら、2億円を達成することができた。その程度のことでした。

「目標なき経営」は結果ですが、私自身は理のある経営理念だと思ってきました。そういうわけで、ジャパネットたかたは、創業以来、先にお話しした一度の例外を除き、基本的に数値目標を設定したことがありません。来年の目標は常に「前年を下回らない」ことだけでした。経営者は具体的な数値目標を持って経営にあたるのが当たり前だと思いますから、私は異端児なのかもしれません。

ジャパネットたかたという会社があって良かった、と皆さんに言っていただける会社にすること。目指していたのは、それだけです。事業を拡大すること自体は目的ではありませんでした。

自己更新を続ける企業

目標は持たない経営に徹してきた私ですが、自分自身が向上する、会社を成長させるということについては強い意識を持ってきました。しかも、大きな向上を常に目指す。そんなことはできないと思われるようなことでも、成功する姿をイメージして挑戦してきました。

私が思っていることを口に出すと、「そんなのできない」と言われることがよくありました。しかし、私は、**できないと決めているのは、その人自身だ、**やろうとする前から、できないと決めつけていては何もできないと思っていました。本気になって、死にものぐるいになれば、大抵のことはなんだってできるようになると思うのです。

一流を目指す人は、「できない」なんて決めつけません。「できない」と思うようなことに果敢にぶつかっていきますよね。一流になりたいと願う人はたくさんいますが、本当になりたいなら、本気で行動しなければいけません。大きな向上を目指さないと、一流には近づいていけないと思うのです。

世阿弥は「自己更新」ということを説きました。一流であり続けようとするなら、死ぬまで自己更新していかなければなりません。

例えば、ラジオショッピングでMCをしたとき、1000売ることで満足するか、500で満足するか、100で満足するか。これは、その人の成長段階によりますが、500で満足してしまったら、いつまでたっても1000売れるようにはなりません。ラジオを聴いている人が10万人いるとしたら、10万売れてもおかしくないわけです。

そんな中でどこを目指すか。これこそが自己更新です。もうこれでいい、と思った瞬間に、その人の成長は止まってしまいます。自分を高めるという意識は、常に自分でしっかり持っていなければいけない。そして、自分を高めることができれば、結果もついてきます。

それは企業も同じです。一流になるためには、常に大きな向上を目指し、自己更新を続けていかなければなりません。ときに大胆と思われるような広告に打って出たのも、東京にオフィスを構えたのも、そんな考えからでした。

自己更新を続けていくために大切なのは、人であっても企業であっても、ポジティブであることだと思います。楽観的であったらなおいいです。

例えば、最近の講演で私は、ヒット商品のレイコップについて、聴衆の皆さんによく同じ質問をしています。

「レイコップを持っているという人、手を上げてください」

最近では、かなり多くの人が手を上げてくださいますが、ヒットし始めのころは、ほんの2～3人の手しかあがりませんでした。

「あ、まだまだですね」

などと言って笑いを誘っていましたが、2～3人という数字には2つの見方があります。「2～3人しか買ってもらえていない」とみるか、「まだそれ以外の9割以上の人に買っていただけるチャンスがある」と考えるのか。

大切なのはポジティブであることだと思います。数字を見たときには、できるだけポジティブに発想する。そしたら、仕事は楽しくなります。私は、どんなことでも前向きに捉えてきました。ものごとをネガティブに考えすぎたり、複雑に考えたりせずに、シンプルに考えることも同じように大切だと思います。

私は極めて楽天家なんです。悩んで眠れなかった、などという経験はほとんどありません。さすがに、人にはいろいろな性格があって事情も異なりますから、皆が皆、私のような脳天気な楽天家であるわけではないと思います。それでも楽天的であること、ポジティブでいること、シンプルに考えることはとても大切ですよ。経営者にはそういう一面も大切だと思うのです。

オンリーワン企業

小さなカメラ店から始めて事業を広げてきましたが、もう一つ、強く意識してきたことがあります。他人と自分を比べない、他社と自社とを比較しない、ということです。

例えば、競合他社を意識して、年間売上で上回ることだけに猛進したらどうなるでしょう。決算を見据えて2カ月前くらいからは安売りの大バーゲンセールです。しかし、それがお客さまや会社のために本当によいことでしょうか。適正価格を下回って販売すれば、必ずひずみがでます。赤字を出すわけにはいきませんから、無謀な安売りの陰には、かならず、品質やサービスの低下があります。それではいくら安くてもお客さまにご満足いただけず、結果、信頼を失ってしまいます。だれかと自分を比較して動こうとすると、無謀な目標に向かって、不適切なことをしてしまう危険があるのです。

大切なのは、軸足には常に自分の信念を据えておくことだと思います。意識すべきは、他社ではなく、自社のミッションとお客さまだと思って、私はジャパネットたかたを経営してきました。

他社を過度に意識しないのは、私の性格が関係しているかもしれません。そもそも他人と比較するのは、勝ち負けを決めるということでしょう。でも、勝ち負けばかり考えていては、仕事は面白くないですよ。息も詰まってしまいます。私はもともと、こどものころから人を羨んだり、嫉妬したりすることが、ほとんどありませんでした。

そんな自分の性格が、実はちょっと変わっていると知ったのは、結婚してからです。妻から、こんなことを言われたことがあるんです。

「あなたは劣等感も優越感も持たない、珍しい人ね」

創業前から、二人三脚で働いてきた妻といつも考えていたのは、オンリーワンの会社をつくることでした。他社と比べるのではなく、超えるべきハードルは、常に自分たちの中に作ってきました。もっと頑張ろう、というのは、自分たちがそうしたいと願ったからでした。考えていたのは、自分たちにしかできないことをやることです。

他者との比較がモチベーションになる人もいるようです。が、私はそうではありませんでした。比べるのは常に自分自身の過去でした。周囲のだれかと自分を比べて、優越感や劣等感を持ってもなんの得にもなりません。しかし、昨日の自分と比べると、自分の成長につながります。他の人に勝つことより、常に自分史上最高を目指せばいいと思うのです。

ライバルを持つことは悪いことではありません。ただ、他人や他社を意識しすぎると息苦しくなります。私は、ライバルは昨日の自分と考えてきました。

「目標を設定しない」「自己更新を続ける」「他社と比較しない」は、ジャパネットたかたを経営していく上での基本的な考え方でした。

社員の満足がなければ、顧客満足は得られない

ジャパネットたかたの経営で、私が重視していた考えがもう一つあります。社員を大切にすることです。働く社員に満足がなければ、顧客満足度は高まらないと考えていたのです。創業以来、社員旅行を年中行事としていたのも、そのためです。まして、利益

が100億円を超えるようになってからは、給料とは別に、社員満足度の向上のために億単位の費用をかけるのは企業家として当然と思ってきました。

本社の近くには独身者や単身者のための社員寮があります。2009年には、福利厚生のため体育館を建設し、社員がいつでも体を動かせる環境を作りました。温泉をひいた露天風呂もあります。最近の社員旅行はほとんどが海外です。400人規模でヨーロッパに出かけたこともあります。

もちろん費用はかかります。しかし、会社の利益は社員みんなが頑張ってくれた結果ですから、それに報いることにお金を惜しんではいけないというのが、私の考えでした。

社員旅行を始めたのは、従業員が20人くらいのころからです。当初は国内旅行でしたが、ラジオショッピングを始めて売上が大きくなっていくと、海外に行き始めました。最初の海外は韓国で、このときは、私の父や母も連れていきました。従業員はまだ30人くらいだったと思います。その後も、鳥インフルエンザやSARSといった特別な事情があったとき以外は、ずっと海外です。それには理由があります。

頑張ってくれた社員も、いずれは定年退職を迎えます。そのとき、何か思い出になることを残したかったのです。もちろん、仕事の思い出もいいですが、仕事を離れてみんなで何か楽しいことをしたという思い出を残したかったんです。

2014年の社員研修旅行はシンガポールへ（背景はマーライオン像とマリーナベイサンズ）。

フランスでエッフェル塔に上った、イタリアで美味しいパスタを食べた、オーストラリアでオペラハウスに行ったといった海外旅行の思い出は、強烈に心に残ると思うのです。しかも、社員でそれを共有している人が数百人もいるわけです。一緒に思い出話に花を咲かせることもできます。

元は観光写真を撮っていたカメラ店ですから、そのころからの伝統で、社員旅行の後は必ず写真コンテストを開催します。旅行中は全員がカメラを持って、帰ってから一番と思う写真を出品して競い合うんです。ですから、写真もたくさん残っています。社員旅行の思い出は人生の宝物になると思ったのです。

全員が一度に業務を抜けることはできま

せんから、社員旅行へは2つのグループに分けて、スケジュールをずらして行きます。現地では、必ずパーティーを開きます。賑やかに豪勢にやります。シンガポールに行ったときは、CMなどで当時日本でも大きな話題になっていた「マリーナベイサンズ」に宿泊しました。400人弱の規模でしたが、社員は喜んでくれました。屋上にある有名なプールで、社員が楽しそうに写真を撮っていた姿を憶えています。

昔は社員旅行をやっていたけれど、今はやらない、という企業が多いようです。メーカーの研修旅行なども、かつてはよくありましたが、今はほとんどなくなってしまっています。もったいないと思います。社員旅行は、言ってみれば会社のお祭りです。皆で大きく盛り上がる絶好の機会です。お祭りをなくしてしまうと、元気がなくなりますよ。

地方創生をテーマにいろいろな地方の話を聞きますが、祭りをなくしたところは元気をなくしています。祭りは人を活性化させるのです。こどもの情操教育にもいい。そして、若い人たちが故郷に残る動機の一つを作ってくれます。それは会社も同じだと思います。

社員旅行以外にも、600人ほどが参加し、全部署が演し物を披露する「大望年会」や、スポーツ大会でも大変盛り上がります。これも、お祭りの一環です。お祭りは、社内を活性化させてくれます。そして、社内を活性化することによって社員の絆が深まり、社員が愛社精神と責任感を持って働くことが、顧客満足度の向上にもつながると思うのです。

「目標が達成できなければ社長を退任する」と宣言し、過去最高益を達成した年の年末には、社員が目標に向かって一丸となって頑張ってくれた働きに応え、冬のボーナスの他に、特別賞与を支給しました。そして、その一年で社員一人ひとりが成長した姿を実感しましたから、翌年には給与のベースアップも実施しました。社員が今を一生懸命に生きて、仕事で成果を上げたら、給与や賞与という形でそれを評価するのは経営者として当然のことと思います。また、社員の能力や技術の成長を正当に評価し、それに見合ったベースアップをすることも、当たり前のことです。その結果、社員満足度と仕事へのモチベーションが向上すれば、会社にとってかけがえのない財産になる。私はそう考えてきました。

社長退任――後継に長男を指名

さて、いよいよそのときが近づいてきました。

2015年1月、私は66歳で社長を退任しました。後継社長には長男の旭人を指名し、

2015年1月16日、社長交代。長男旭人が新社長に就任。

ジャパネットたかたを委ねることにしました。テレビショッピング番組への出演も、翌年の２０１６年１月に身を引くと宣言しました。

２０１２年末に翌年に過去最高益を更新できなかったら退任すると宣言してから３年目のことでした。２０１３年はお話しした通り業績が上向き過去最高益を更新しました。売上は１４２３億円で利益は１５４億円まで上がりました。実はそのとき、もう大丈夫と思って、２年後に引退しようと決めていたんですよ。

そのときの２年後というのは今年（２０１６年）のことですが、ジャパネットたかたの前身の「株式会社たかた」を設立してちょうど30年の節目だったんです。

ジャパネットたかた30周年の記念の年に退任しようと思って、社内では「2年以内に辞める」って宣言しました。妻も、「もういいんじゃない」と背中を押してくれました。ところが、2014年の3月になって、気が変わったんですよ。もういいかな、って。それで1年早めて、2015年の1月で退任することにしたんです。

社長を退任した理由の一つは、先にもお話ししたとおり、それまで私が100%正しいと確信していたことに、20%、30%の揺らぎが出てきたことでした。若い人の意見の方が、先を見通していることもあることを痛感しました。

このまま私が75歳や80歳まで社長に留まっていたら、退任した後で会社がどうなるかわかりません。今なら、退任後もいろいろなアドバイスができるでしょう。それができるうちに身を引いた方が、時代の変化に対応できる会社になれるのではないかと思いました。

企業は創業期、成長期、安定期それぞれで、組織のあり方もリーダーのタイプも変わっていかなければ、100年続く企業にはなれないと思ったことも、若手にバトンを渡した理由でした。

私は、いつということはありませんが、かなり早い段階から、社長退任のタイミングを考えていました。年間売上が1000億円を超え、企業の社会的責任を自覚し、

100年継続できる企業にしなければ、というようなことを考え始めたころと重なると思います。

人間だれしも自分はいつまでも元気だと思っています。60歳くらいのときは、100歳まで現役でいけると勘違いしてしまうものです。実は私もそうです。「あと50年は元気で生きる」と言って周囲を笑わせています。

けれど、年齢を重ねるほど身体はいうことがきかなくなってきますよね。それはだれもが通る道です。そうだとしたら、事業継承はしっかり見据えておかなければいけないと思っていました。70歳になったときに後継者がいないと気づくのでは、100年続く企業として継続していくというミッションを果たすことはできません。

私は、経営者としては何でも感性で突き進んできたタイプです。例えば、テレビ番組の制作でも、最初に編集のことまで考えた最終形が自分の頭の中にイメージとしてあって、それを実現するために社員に動いてきてもらいました。これがお客さまに受け入れられて、会社は成長することができました。

けれど、他人には教えることが難しい感性でやってきたわけですから、社員に私と同じやり方を受け継いでもらうことはできません。仕組みやマニュアルを作れば、だれでもできるのかもしれませんが、私はその仕組みを作ることが不得手でした。これは、私が反省しなければならないところだと思います。私が感性でやってきた経営や課題の解決方法を、「仕組み化」することがなかなかできていませんでした。

人の心を慮ったり、社員一人ひとりに向き合ったり、創業者として妻も私も、そういうことを大切にしてきました。だからこそ、社員がついてきてくれたのだとも思います。しかし、会社の仕組みを作ったり、人を採用して教育制度や評価制度を作ったりすることには、新社長の方が長けていると思います。彼は福岡のコールセンターを7年間、引っ張ってくれましたが、このとき素晴らしい仕組みを作り上げました。

長男を後継者に据えたことには、いろいろなご意見があることは承知しています。世襲の批判は甘んじて受けますが、旭人を後継者としたのは、一番適していると思える人間がたまたま長男だったということにすぎません。これまで、会社の経営について最も議論を重ねてきた相手は旭人でした。家族だからそれができるという見方もあるかもしれませんが、チャレンジデーのときのように、言い争いをしたことも数知れずあります。

退任を公言したとき、会長職として残るという選択肢もありました。が、私はきっぱりと断りました。指揮命令系統が二重構造になっては社員が困る。経営者としての権限を譲るなら、全部譲る方がいいと思いました。私としては、長男だからではなく、一番ふさわしいと判断して後継者に指名したわけですから、あとはもう彼を信じてすべてを任せる、というのが私のスタンスです。それが私らしいやり方だと思っています。

退任の前年に、一つ大きな決断をしました。東京・六本木のスタジオの一時閉鎖です。大きな投資と告知をして盛り上げた東京での番組制作でしたが、中止しました。スタジオ自体は維持していますが、制作部隊は全員佐世保に戻しました。もちろん、理由があってのことでした。

会長職に就くことは固辞しましたが、退任後1年間だけはテレビショッピング番組の制作指導と出演を続ける約束をしました。その間に、私なりに考え続けてきた「伝えること」をスタッフに受け継がせ共有する、やり残したことをやる期間にしようと考えてのことでした。東京のスタジオをいったん閉じて、番組制作スタッフ全員を佐世保に呼び戻したのは、そのためでした。

その期間も終わり、今は自由の身を謳歌しています。

不易流行――理念を守れば、経営方針は180度変えていい

経営者にとって大事なことは、ミッション、パッション、アクションの3つだと私は考えています。伝わるコミュニケーションと同じです。会社の使命を大切にし、情熱を

持って、時代に即して行動することが重要だと思うのです。

ミッションは変えてはいけない。パッションも失ってはいけません。ただ、アクションは時代に即して、むしろ変わっていくべきだろうと思います。

企業にとって一番大切なのはミッションです。これは絶対に守ってもらわなければ困ります。「企業は人を幸せにするためにある」と私は思っています。企業は利益を上げて税金を納めなければ社会に貢献できませんが、なんのためにあるかと言えば、人を幸せにするためにある。この理念だけは絶対に変えてはいけないと思ってきました。売上や利益はその結果としていただいているのだと思います。

私が社長だった時代からジャパネットたかたでは、毎年新年に、50年以上のキャリアのある書道家の先生に畳2枚分ぐらいの大きな紙に書初めをしていただいて各拠点に飾っています。1年の最初に、今年はこういう課題で行こうということを考えて、それを書にしていただくんです。「一生懸命」とか「社員力」とかですね。過去最高益を目標に掲げた2013年は「覚悟」という言葉を選びました。そして、社長最後の年となる2014年には「不易流行《ふえきりゅうこう》」という松尾芭蕉の言葉を掲げました。

不易流行、ご存知ですよね。不易というのは、絶対に変えてはいけないことです。企業で言えば理念です。私が会社を去っても、この理念だけは絶対に変えずに引き継いでほしいという強い想いを込めた言葉でした。

新社長が就任の年に最初に選んだのも前年の私と同じ「不易流行」でした。彼は「明社長と同じ気持ちを引き継ぐために、昨年と同じ言葉を選びました」と言ってくれました。とても嬉しく思いました。

「流行」は時代時代に応じて変化することです。ジャパネットたかたという会社が、何のために存続するのか。人を幸せにするためにある。その想いは、新社長含め、ベテランも若い社員たちも皆共有してくれています。それは、ジャパネットたかたにとって「不易」のミッションです。このミッションさえ堅持し、情熱を持って仕事に打ち込んでくれれば、「流行」で会社はどんどん変わっていっていいと思います。新しい経営陣も、山あり谷あり苦労しながら成長していけばいい。もう、後はお任せです。

潔いですね、と言われることもありますが、中途半端なことはしたくありません。副社長だった妻も退任した後は社業にはまったく関わりませんでした。料理が得意で、毎日私の昼食の弁当を作ってくれている他は、本を読んだり映画を観たりして、プライベートでの生活を楽しんでいます。その潔さは、私も見習わなくてはと思っています。

新社長は、続々と新しい取り組みを進めています。

就任と同時にジャパネットたかたのロゴマークを一新し、佐世保や東京などの拠点の看板を始め、通販サイトやカタログ、商品梱包用の段ボールなどすべてのロゴマークを変更しました。

2015年7月、社員研修旅行のロサンゼルスから戻って会社に顔を出してみて、驚きました。佐世保の本社内の、何百とあるオフィス家具・什器がすべて新しくなっていたんです。不要なものをなくし必要なものに集中するための「断捨離」が狙いだったそうです。デスクやチェアが新しくなり、パソコンもデスクトップ型から自由に席を移動して業務ができるようにノートタイプになっていました。フロアマットも新しく変わっていました。セキュリティ設備も新たに見直していました。

使えるものもたくさんありましたから、もったいないという思いもないわけではありませんでした。社員の働きやすさを第一に考えて、設備を大胆に変えるという発想は、まだまだ貧しかった時代に育った私たちのような団塊の世代では、なかなかできないことだと思いました。なるほど、これが新しい体制に変わるということなのだ、と実感しました。

もう一つ驚いたのは、休暇制度が変わったことです。私たちは、さまざまなメディアを使って小売りをしているビジネスですから、受注業務を考えると、そうそう休むわけにもいきません。私はそう考えていたのですが、新社長は違いました。最大9連休の取得を奨励し、長期休暇が取れるように制度を変えました。

そんなに休まれたら仕事が回らなくなる、と思ったのですが、どうも違っていること に気づきました。連休を取った社員から「親を連れて温泉に浸かってきました」「海外 に一人旅に行ってきました」「ゆっくり健康診断を受けました」などと報告を受けるよ うになったのです。連休から戻って、社員が生き生きして仕事に向かう姿を見て、「あ あ、なるほど、こういうことなのか」と思いました。

新社長は、私とは違った感性でいい仕組みを作っていると思います。オフィス設備の 刷新も休暇制度の充実も、もちろん相談はまったくありません。すべて任せたと言って ありますから、当然です。

事業継承後、自在に変化するジャパネット

ジャパネットたかたにはホールディングスカンパニーがあります。が、そこには「た かた」の名前は冠していません。「たかた」の文字を取り、「ジャパネットホールディン グス」としています。10年ほど前から、もう「たかた」の名前はいらないのではないかと、 古参の社員たちとときどき語り合っていました。「ジャパネット」という企業の価値を

皆さんにわかっていただいて、買っていただけるようでないといけない。私が社長かどうか、「たかた」の名前がついているかどうかの問題ではないと思ったのです。

私の社長時代にもホールディングスはありましたが、名目だけという感じでした。現ホールディングスは、そうではありません。90人ほどの社員がいる戦略部隊です。

ジャパネットホールディングスの下に、「ジャパネットたかた」「ジャパネットメディアクリエーション」「ジャパネットコミュニケーションズ」「ジャパネットロジスティクス」「ジャパネットサービスパートナーズ」「ジャパネットビジネスアソシエイツ」「ジャパネットフィールドサポート」という7つの会社があります。

ジャパネットサービスパートナーズは東京都江東区にありますが、託児所やタニタ食堂まで入っています。主婦のパートの方が多いので、雇用を安定させるためだと聞きました。私はびっくりしました。

もっと驚いたのは、ここで商品の「修理を行う」と聞かされたときです。私は、修理は絶対に無理だと思っていました。ジャパネットは販売会社です。しかも厳選した商品を集中的に販売する会社です。100万個を超える数を販売した商品も数多くあります。そのためにメーカーと何度も話し合って、顧客からの修理依頼には迅速に対応してもらう仕組みを作ってやってきました。

ところが、新体制では自分たちで修理までやるといいます。なんと無謀なと思いましたが、話を聞いているうちに、これは単に販売からアフターケアまでを完結させたいということではなく、ジャパネットが追い求めてきたお客さまの不安や不満を迅速に解消する企業の形を、本物にしたいということなのだと知りました。

その姿勢が企業ブランドとして定着していくことは、大きな意味があると思います。が、それにしても大胆なやり方だと思いました。私よりもはるかに大胆です。それだけに、これから苦労もあると思いますが、新社長はやらなければいけないことをきちんと自覚してくれていると感じました。

時代とともに、求められる商品は大きく変わってきました。私たちが若いころは、空気清浄機なんてありませんでした。ペットボトル入りのミネラルウォーターもなかった。今では、水道水を飲む人が少なくなって、空気清浄機も一家に一台あるような時代です。こうした変化を感じるからこそ、ビジネスの方法も、企業のあり方も変わらなければ生き残ってはいけないのだと思います。若い新体制が時代の要望を察知し、経営の舵を大きく切り、ジャパネットが自由自在に変化していくことに、期待は膨らみます。

高齢化社会の大きな問題の一つに、事業の継承があります。何の不安もなく事業を後継者に託すことは不可能だと私は思っています。不安がなくなるまでバトンタッチを躊躊していては、80歳になってもできません。でも、考えてみてください。事業継承には不安もあれば、期待もあるでしょう。若い世代は、どんなことをしてくれるのか、という期待ですよ。期待が不安を超える。そのときこそ、事業継承のときだと、私は思います。そして、その後は後継者に任せてしまう。そのタイミングを適切に判断することが経営者には必要なのではないでしょうか。

ギネスの長寿記録にチャレンジ──「Ａ ａｎｄ Ｌｉｖｅ」設立

２０１５年1月に社長を退任するまで約30年間、とにかく仕事一筋で生きてきました。ラジオ、テレビと、ショッピング番組のためにすべてをかけてきた人生でした。だから、多趣味だった父と違って、趣味らしい趣味もありません。

笑われるかもしれませんが、66歳で社長を辞めて、真っ先に頭に浮かんだのは、ギネスの長寿記録にチャレンジしてみようということでした。ギネスブックに認定された男性の世界最高齢記録は１１６歳です。

「あと50年生きる」と言ったのは、66歳からギネス記録の１１６歳まであと50年あったからです。今年（２０１６年）の11月に68歳になりましたから、正確には48年ですが、ギネス更新のためには、あと50年健康に生きなければいけません。

もちろん、現実的には難しいかもしれませんが、こうした気持ちを持っていれば、100歳ぐらいまでは生きられるんじゃないかと思うのです。

「あと50年生きられると思う?」って周囲の社員に聞いてみると、最初のころは「はい、そうですね」と言ってくれていたのですが、最近はどうも返事をしてくれません。呆れているのか、それとも本当にそうなったら困るとでも思っているんでしょうかね。

社長の任を離れてもう一つ頭に浮かんだのが会社を作ることでした。私は即断即決ですから、すぐに「A and Live」という新しい会社を作りました。次女がつけてくれた社名です。「A」は高田明のA、「Live」は生きるという意味です。私がいつも口にしている「今を生き生きと生きる世の中にしたい」という想いが込められているそうです。最近ではいろんなところで、「明はまだ生きている」という意味です、と冗談を言っています。社名のとおり、生き生きと生きられる社会のために、まだまだこれから、いろいろなことをやりたいと思っています。

退任した2015年の7月に社員旅行先のロサンゼルスで、印象深い経験をしました。

正直に言うと、何十年もモノを売ってきたのに、私自身はショッピングの体験がほとんどありません。着る物はいつも妻任せ。自分で買ったモノはほとんどありません。車にも家にも興味がありません。何かを欲しいとか買いたいとか思ったこともありませんでした。ただただ皆さんに商品を紹介して販売するという生活を続けていたのでした。

そんな私ですが、ロサンゼルスで家族に連れられて買い物に行ってみたんです。初めて洋服選びに3時間ほどの時間をかけました。ブランドの名前なども、そのときにいろいろ教えてもらいました。「上から下までコーディネートしよう」と言うもんだから、任せてみることにしたんですが、これが実に楽しかったんですよ。帽子をいろいろ被ってみたり、シャツを何枚も試着してみたり、靴もたくさんの種類をはいたりして、靴下も買いました。

そんなことは初めての体験でした。ファッションってこんなに面白いんだと感動している自分に驚き、改めて自己発見したのでした。これからも齢を重ねていくことになるわけですが、ますますポジティブに、いろいろなことに新たに感動できる人生を生きていきたいと思っています。

夢や目標は途中で変えていい——90切り。67歳の挑戦

これをやりたい、あれをやってみたい、こうしよう……。なんでもいいので、とにか

く夢を持つ。目標を持ってみる。これは、とても素晴らしいことだと、社長を退任してから改めて思っています。齢をとっても、定年退職しても同じですよ。何でも、面白がってやってみないと損すると思うようになりました。

社長退任後の２０１５年の初めに、親しくしている人たちに公言したことがあるんです。

「スコア90を切ってみせます」

ゴルフの話です。これには、聞いていた皆さんが仰天していました。なにせ、ゴルフコンペでの私の指定席はブービー賞だったからです。

ゴルフ歴は20年ほどですが、真面目に練習したことがなかったんですよ。ブービーでもちっとも恥ずかしいと思ったことはありませんでした。ゴルフに行くのはお付き合いで、年に3、4回ほど。練習もせずに、とにかく行って打つだけ。まともなスコアが出るはずもありません。いつも１４０くらいは叩いていました。

その私が90を切ると宣言したわけですから、周囲が呆れたのも、無理からぬことだと思います。「ゴルフはそんな簡単なものじゃないですよ。高田さんが90を切るなんて、１００歳まで生きるより難しいですよ」とまで言う人もいました。

でも、だからこそ挑戦したいと思いました。大真面目に公言することで、本気でゴルフに打ち込まざるをえない状況に、自分を追い込むことにしたんです。

それからというもの、「90を切ります」とあちこちで吹聴してきました。そうすると、面白がってくれる人がたくさん出てきました。お付き合いのあるラジオやテレビ局の方は、もし本当に実現したら、スペシャル番組を作りましょうと言ってくださっています。

今年（2016年）の7月からは、ゴルフ専門誌の『週刊パーゴルフ』で、『「今を生きる楽しさ」を！ たかた式90切り――67歳の挑戦』という連載が始まったんですよ。90切りができるまで、連載は続くはずですので、ぜひご覧ください。

もちろん、本気で取り組み始めました。最初はゴルフの指南本を読むところからです。倉本昌弘さんの『90を切る！』を読んだり、ベン・ホーガンやラリー・ネルソンの本を読んだり。技術よりもメンタルをどう鍛えていくか、ということが書かれていて、なるほどと思いました。

驚いたことに、指南本を読んで、少しだけ練習をしてからコースに出たら、それまで140が普通だった私が、いきなり110で回れてしまったんです。一緒に回ったみんなもびっくりしていました。この調子でいけば、すぐに100は切れるんじゃないかと思えるようになりました。

真面目にやってみると、いろいろ面白いことが見えてきました。100を切ろうと思ったら、取りあえずはアウトで50、インで50を目標にコースを回ることにします。でも、先にアウトで60を叩いてしまうと、インの目標は40になります。さすがに無理です。真剣にやる気がなくなります。

でも、私は諦めません。そういう自分がいるのを発見したんです。私はアウトで60を叩いても諦めないんです。100を切ることを諦めないんじゃないんですよ。途中で目標を変えるんです。100を切るのは絶望的だから、もうどうでもいいとは考えないで、もしアウトで大叩きしてしまったら、インでは、例えば、残り9ホールのうち一つでも二つでもパーを狙おう、というように次の目標が勝手に出てくるんです。もし、18ホールまで来てもパーが取れなかったら、また目標を変えます。今度は、10メートルのロングパットをカップインしてみせよう、って思うんです。

たとえうまくいかなかったとしても、諦めない。投げ出さない。最初の目標を達成できないとわかったら、途中で、目標を変えればいいと思うんです。ゴルフは人生だ、とよく言われますが、なるほど言い得て妙です。最後まで諦めず、途中で目標を変えてやっていくのが大切なのは、仕事も人生も同じなのではないでしょうか。

私は、その瞬間、瞬間、「今を一生懸命に生きる」を信条に人生も仕事もやってきました。ゴルフもやっぱり同じなのです。目標は設定していますが、それが無理とわかっても、諦めず別の目標に変えて挑戦を続けることが、自分の人生を充実させていることに気づきます。スコアが悪くても、パーが2回取れたことに満足している自分がいます。最近は、ゴルフを徹底的に楽しんでいます。やりたいこと、目標や夢を持つことは大切ですね。目標や夢を持って、そこに向かっている自分がいる。それが毎日の生活を楽しく、人生に彩りを与えてくれるのだと思うのです。

真の花──何を始めるにも遅すぎることはない

私が本格的にテレビショッピングを始めたのはいくつのときだったか憶えておられますか？　45歳だったんですよ。

ありがたいことに、最近はＡ　ａｎｄ　Ｌｉｖｅの仕事で講演のご依頼を受けることが多くなりました。いろいろなところにお招きいただいていますが、私は決まってこの話をするんですよ。すると、多くの人が驚かれます。

テレビショッピングを始めたころのジャパネットたかたの年間売上高は43億円（１９９４年度）ほどでした。そこから10年余りで、年商１０００億円規模の会社へと成長するわけですが、それは私が50代半ばを過ぎて以降のことでした。

人生、何を始めるにも遅すぎることはないと私は思っています。これも本当に大切なことですよ。

独立したのは37歳のときでした。40歳になるくらいまで観光写真の現場でシャッターを押していました。だから若い人にはよく言うんです。皆さんにはまだまだ十分な時間がありますよ、って。

その事実に気づいていない人は案外多いと思います。どういうわけかわかりませんが、まだ若いのに、もう人生は手遅れなんじゃないか、と自分で勝手に思い込んでいる人が少なくないと思うんです。

平均寿命から考えても、30代でも40代でも、まだその後の人生が40年、50年と続くのが普通の時代です。何かを成し遂げるのには十分な時間が残されています。ぜひ、夢を持ってチャレンジしてください。

齢を重ねるほど夢をなくしてしまう人が増えていきます。「昔は夢もあったんだけど……」と言う人がいますよね。いませんか？　でも、年齢なんか関係ないと思われませんか？　たとえ80歳、90歳になっても、夢や目標を持ち続けることは大切だと思うんです。もしかすると、それが若さを保つ秘訣なのではないかと思います。

人生もゴルフと同じですよ。夢や目標は変えたらいいんです。こどものころサッカー選手になるのが夢だった。でも、なれなかった。それで人生は終わりでしょうか？　若いときの夢が叶わなかったら、その人の人生には価値がなくなってしまうのでしょうか？　夢は諦めたらいけないのでしょうか？　夢は一つしか持ったらいけないのでしょうか？　私はそうは思いません。そう思い込んでおられる方は、ぜひ、考え直してみてください。

夢は途中で変えたらいいんですよ。実現できないとわかったら、それで全部を諦めるんじゃなくて、新しい夢を持てばいいじゃないですか。そうしなければ、夢や目標を持ち続けるなんてできませんよ。68歳になってプロのサッカー選手になるのは無理ですからね。人間は年齢を重ねていくうちにさまざまな経験を積み、多くの人との出会いや読書や勉強したことに影響を受けて成長していきますよね。そんな中で、夢や目標が変わっていくのは当たり前のことだと思うんです。

何をするにも手遅れなどということはありませんが、やるなら今すぐ始めなければだめですよ。これだけは間違いなく言えます。そうしないと間に合わなくなるからではありませんよ。もっと早く始めておけばよかった、と後悔しないためです。そして、今すぐ始めない人のほとんどは、明日になっても明後日になっても、始めません。

社長を退いて、私にはやりたいことがたくさんあります。老人会への入会、カラオケ仲間を作る、旅行に行く、海外にホームステイする……。一度に全部はできないですし、やはり世の中に貢献できることをやっていかなければいけないという気持ちもあります。だから、どの順番でやるかを一生懸命に考えています。贅沢な悩みでしょう。

一番の希望はホームステイです。アメリカとフランスに行って、英語とフランス語をマスターしてくる。アーカンソー州あたりの田舎町の普通の家庭にホームステイして、普通の日本人のおじさんとして、2年間、徹底的に英語を学んでネイティブ並みになって帰ってくる、なんて素敵じゃないですか。

フランス語はサラリーマン時代にも勉強を続けましたし、長期出張中に実際にしゃべっていた経験がありますから、1年間行けばマスターできる自信もあります。そうなると、3年で英語とフランス語はネイティブ並みになれますから、70歳からはこの語学力を使って、また違った伝え方ができるかもしれない。日本にいる外国の人に、何かを紹介することができるかもしれない、なんて夢が膨らんできます。

講演の機会が増えてきましたが、それを活動の主体にするのもちょっと違うような気がしています。ただ、全国あちこち訪問することができるのは、とても楽しいことです。いろいろなところを歩いてみたいという気持ちはあります。

それぞれの場所や地域で、モノづくりやサービスを見て歩いて、伝え方ひとつでそれをより良い方向に変える。そんなお手伝いができないか、という夢も持っています。地方創生のお手伝いと言えば大袈裟になりますが、本当の創生はお金の問題ではなく、働いている人たちの姿を知ってもらうことではないかと思うのです。地元の人たちに頑張ろうという意思があって、自ら創生していくという気持ちを持ってもらうことが、一番の地方創生かもしれない、という気がしています。

68歳になっても、やれることとやりたいことがたくさんあります。何歳になっても、何かを始めるのに遅すぎるということはないと思うのです。

夢を持ち、目標を持ち、チャレンジしながら今を生きることの楽しさを、多くの人に知ってほしいと思っています。

世阿弥は「時分《じぶん》の花」「真《まこと》の花」ということも言っています。「時分」というのは、好機とか適当な時期のことです。ですから、「時分の花」は好機に咲いた一時的でやがては散ってしまう花のことを言います。一方、「真の花」は、生まれ持った才能に加え、努力の積み重ねによって高められた能力のことです。真の花は萎れることなく咲かせ続けることができます。

こどものときは誰でも可愛らしいし、若い人は溌剌《はつらつ》としていますよね。仕事盛りの年齢の人は自信に満ちています。私もそうだったかもしれません。

能の世界では若い役者が名人よりも高い評価を受けることがあるそうです。でも、それは勢いで咲く「時分の花」であり、やがて散る花でもある。「時分の花」を「真の花」と勘違いしてはいけない。しかし、そのときどきに「時分の花」を咲かせ精進していけば、やがて「真の花」を咲かせることができる。世阿弥が説いているのは、そんな意味合いだと理解しています。どんなときでも、謙虚であることが大切だと教えてくれているのだと思います。

長寿社会の今、60代、70代になっても「時分の花」を咲かせることもできます。それを散ることのない「真の花」につなげることができているかどうか。自問自答しながら、あと50年、夢と目標を持って、今を生き続けていきたいと思っています。

ご高覧、ありがとうございました。

おわりに――夢持ち続け日々精進

今年（２０１６年）１月にテレビショッピングを引退して１年が過ぎようとしています。スタジオでのレギュラー番組出演からは引退しましたが、実は１、２カ月に１度ぐらい、「おさんぽジャパネット」という番組にだけは、出演しています。

「地方創生の課題もあるから、日本に眠っている商品を発掘して紹介する番組だけは作ってほしい」と新社長からも言われているものですから、出演することにしているんです。

世の中にいくらよいものがあったとしても、それを知らない人にとってはないのと同じですよね。生産者側から言えば、いくらよいものを作っていても、それを伝えなければやはりないのと同じになってしまいます。それが26年間、ラジオ・テレビショッピングを続けてきた中で、私が強く思ったことでした。

日本にはまだまだあまり知られていない「素晴らしいモノ」がたくさんあります。レギュラー番組引退後も出演している「おさんぽジャパネット」は、日本全国の素晴らしいモノを探す旅です。これまで、福井県・鯖江の薄さ2ミリの老眼鏡、青森のリンゴ、東日本大震災の後の気仙沼のおいしいサンマ、葛飾柴又の高級銀器、長崎県の五島うどん、私の故郷平戸の蒲鉾、宮崎県のうなぎ、熊本県の赤牛などを紹介してきました。ただ、テレビショッピングするだけじゃないですよ。おさんぽしながら、製造工程を見学したり、職人さんたちにインタビューしたりして、じっくりその商品を紹介するのがメインの番組です。1時間番組の最後の15分だけ、テレビショッピングをするんです。

先日は愛媛県を訪ねてきました。今治ってあるでしょう。タオルの町です。日本のシェアのどのくらいかご存知ですか。約55％だそうです。街を歩いていたらですね、関西や関東からいろんな人が観光に来ているんですよ。そして声をかけてくださるんです。100人以上の方と握手しました。ハグされることもあるんですよ。おばあちゃんですけどね。幸せです。そんなして散歩をしながら、工場や工房に職人さんを訪ねて紹介したんです。

そのタオルが凄いんですよ。とにかく柔らかいんです。タオルは洗えば洗うほど硬くなっていくものですよね。ところが、今治のタオルは違います。洗えば洗うほどふっくらと柔らかくなっていくんです。そして吸水力が半端じゃないんですよ。一度使ったらもう他のタオルは使えません。そんなタオルなんです。

ですが、中国製などの安いタオルに押されて、まだまだ知られていません。それで今治を訪ねて、今治タオルの作り方の秘訣やこだわり、魅力を伺ってご紹介する番組を作ったんです。

他にも、日本にはまだまだ知られていない素晴らしいモノがたくさんあるはずです。私にもまだ何かできることがあるとすれば、これからも隠れた素晴らしいモノを探し出してご紹介する仕事を続けていくことができれば嬉しいと思っているんです。

*　*　*

小さなカメラ店からスタートし、年商1500億円を超える会社にまで成長させていただくことができました。そんなことになるとは夢にも思っていませんでした。ただ、私が嬉しいのは、そうした数字以上に、私たちの事業を受け入れてくださる方が予想をはるかに超えて増えていったことです。

特にここ数年は、それを感じることが多くなりました。それまでは、全国に出かけて

行って出会う皆さんから、
「テレビショッピングの番組、見てるよ」
と声をかけていただいていたんですよ。ジャパネットたかたのテレビショッピングが浸透してきている。テレビショッピングの番組が知られるようになっていると思いました。それはとても嬉しいことでした。

ところが、おさんぽジャパネットでいろんな町を訪ねていますと、最近はこんな声をよく耳にするようになりました。

「テレビショッピングで、この間も買ったよ」

見ているだけではない。皆さん、買ってくださっているのです。ああ、ジャパネットたかたという会社も、ここまでくることができたのか、と思いました。私たちの想いが伝わったんだなと、本当に嬉しく思いました。

ここまで成長できたのは、ジャパネットの番組をご覧くださり、ジャパネットでお買い物をしてくださった皆さまを始め、放送局さまや仕入れ先のメーカーさま、そして流通などショッピングに関係するすべての企業の皆さまのお蔭です。この場をお借りして、改めて感謝申し上げます。ありがとうございました。そして、これからも、ジャパネットをよろしくお願い申し上げます。

企業は社会の公器だと申します。人も企業も、人に活かされてこそ存分にその役割を果たせるのだとも存じます。これまで、たくさんの皆さんに活かされ、助けられてまいりました。ジャパネットたかたと共に歩んできた私の半生を振りつつお話をさせていただいた本書を締め括るにあたり、人は人によって活かされているのだということを改めて実感し、感慨を深くしております。

色紙に何かを書いてほしいと依頼されるとき、私が書くのは「夢持ち続け日々精進」という言葉です。これからも夢を持ち続け、精進していきたいと思っています。経営者というステージから次は別のステージへ。夢を追い続けていきたいと思います。

まだまだ私の人生はこれから50年続きますから、これからどんな出会いが待っているのか、本当に楽しみです。

【著者紹介】
高田　明（たかた　あきら）
ジャパネットたかた創業者、A and Live代表取締役
1948年長崎県平戸市生まれ。大阪経済大学卒業。阪村機械製作所に入社。入社2年目からヨーロッパに駐在し、機械営業の通訳に従事。74年平戸へUターンし、父親が経営していた「カメラのたかた」に入社。観光写真撮影販売から事業拡大し、86年に分離独立して株式会社たかたを設立、代表取締役に就任。90年からラジオショッピング、94年にはテレビショッピングに参入し、通信販売事業を本格的に展開。99年ジャパネットたかたに社名変更。2011、12年はテレビの販売不振で2期連続減収減益。2013年は、自らの進退を懸けて過去最高益更新の目標を掲げる。テレビに代わる商材の発掘、東京オフィス開設等々が奏功し、目標を達成。2015年1月、ジャパネットたかた社長の座を長男に譲り退任。同時にA and Liveを設立。2016年1月にはMCとしての番組出演も「卒業」。2017年4月からV・ファーレン長崎の代表取締役社長を務め、経営再建の道筋をつけ、2020年1月に社長の座を長女へ託し退任。

伝えることから始めよう

2017年1月26日　第1刷発行
2023年2月6日　第8刷発行

著　者――高田　明
発行者――田北浩章
発行所――東洋経済新報社
〒103-8345　東京都中央区日本橋本石町 1-2-1
電話＝東洋経済コールセンター　03(6386)1040
https://toyokeizai.net/

カバーデザイン……橋爪朋世
本文デザイン……吉住郷司
D T P…………アイランドコレクション
帯写真…………谷川真紀子
編集協力………岩本宣明、上阪　徹
印　刷…………港北メディアサービス
製　本…………積信堂
編集担当………藤安美奈子

Printed in Japan　ISBN 978-4-492-04590-9